코로나 펜데믹과 한국의 길

코로나 팬데믹과

IgM
IgG
Control

Positive

한국의 길

황정아 백영경 김현우 외 지음

창비

지난 세기의 디스토피아 영화들에서 2020년대라는 연대는 결코 다가오지 않을 것 같은 저 먼 미래를 지시하는 배경으로 종종 동원되었다. 그토록 낯선 시간이라는 데 기대어 실현 가능성이 의심스러운 온갖 암울한 사건들이 펼쳐지곤 했던 것이다. 그런 상상이 실은 예언이기라도 했다는 듯 실제로 도래한 2020년은 통째 팬데믹이라는 엄청난 재난과 위기 속에 흘러갔다. 가장 초보적인 생명활동인 숨쉬기야말로 가장 조심스러운 행위가 되었고, 기본적인 소통수단인 대화조차 삼가는 것이 권장되었으며, 무엇보다 사람들의 모임을 전제하는 사회 자체가 '거리두기'를 독려하는 명분이 되었다. 팬데믹은 우리를 그 정도로 달라진 세계와 대면하게 만들었다. 이 책의 발간을 준비하는 이즈음, 일부 나라에서 백신 접종이 막 시작되고는 있지만 세계는 3차 유행의 물결에 목까지 잠긴 상황이며 한국사회도 전례 없는 재확산과 어렵사리 싸우는 중이다.

코로나바이러스의 급속한 전파로 팬데믹이 시작된 것이야 이제 와서 돌이킬 수 없는 사태지만 팬데믹을 그저 재난으로만 끝내지 않을 가능성은 아직 남아 있다. 남아 있기로 치면 항구적으로 연장된 재난의 일상화로 이어질 여지도 물론 있다. 그렇기에 효과적인 방역과 더불어 이 시기를 사회적 체질을 구체적이고 꼼꼼하게 바꿔나갈 계기로 만들어야 한다는 절실함이 더욱 커진다.

재난 상황에서 변화의 필요성에 대한 합의가 용이한 이유는 잘 알려진 대로 재난이 늘 '이미 와 있던' 위기를 더는 외면하기 어렵게 만들기 때문이다. 이 책에서 돌봄, 생태, 의료, 노동, 교육, 농촌 등 여러 분야에 팬데믹이 야기한 결과를 살핀 글들도 하나같이 위기는 이미 존재했음을 증언하고 있다. 그러나 변화의 요구가 클수록, 또 필요한 변화의 성격이 발본적일수록, 그 어려운 과정을 차근차근 밟아가기보다 당장 급한 불을 끄고 나머지는 덮어버리려는 충동도 커지며, 막 시작된 백신 접종은 그런 충동을 부추기는 기제로 작동하기 십상이다. 그럴 때 무엇보다 새기고 다짐할 바는 이 책 마지막 글의 제목이기도 한 "우리는 정상으로 돌아갈 수 없다"는 사실이다.

여기에는 두가지 의미가 담긴다. 위기가 이미 있었다면 팬데믹 이전의 세계도 이미 정상이 아니었던 셈이니 설사 돌아간댔자 그

건 늘 있던, 또는 늘 그랬던 대로 점점 나빠지는 '비정상'의 세계라는 의미가 그 하나다. 다른 한편 '돌아갈 수 없다' 쪽에 방점을 두면, 이제 세계는 정상이었든 비정상이었든 이전으로 돌아가지 못할 어떤 비가역적 과정에 접어들었고 팬데믹은 그 사실을 가리키는 지표라는 뜻이 된다. 무엇보다 또다른 바이러스의 이름으로 조만간 팬데믹이 다시 오리라는 예측도 신빙성을 갖게 되었고 더 암울하게는 기후위기가 임계점에 도달하고 있다는 객관적 자료들도 쌓였다. 이렇듯 이중적으로 '정상'과 멀어졌기에 이제 주어진 것은 전례 없는 수준으로 더 나빠지느냐 아니면 전례 없는 방식으로 더 좋아지느냐 사이의 선택인 것이다.

돌아갈 수 없음이 엄연한 사실인데도 굳이 돌아갈 수 없다는 다짐까지 해야 할 이유는 있다. 앞서 팬데믹이 위기를 외면하기 어렵게 만들었다고 했지만 불행히도 재난과 위기마저 매우 차등적으로 배분되는 까닭에 도무지 외면할 수 없어야 마땅할 때조차 누군가에겐 계속 외면하는 일이 가능하다. 그렇기에 문제들을 면밀히 짚어내고 정확히 분석할 임무가 여전히 긴급하며 지금이야말로 그런 작업이 잘 수행될 적기라고 말할 수 있다. 동시에 분석과 비판을 대안 모색과 긴밀히 결합시킬 의무도 분명해졌다. 가까운 사례로 역시 글로벌한 위기로 지칭되던 2007~2008년의 금융위기를 떠올려보자. 당시 직접적인 책임을 추궁받으며 비판의 표적이 된 이른바 신자유주의적 축적방식은 그 위기를 기점으로 끝났다는 풍문이 돌았음에도 질기게 유지되었는데, 그럴 수 있었던 데는 무엇보다 이렇다 할 대안이 힘을 얻지 못했다는 이유가 작용했다. 위기를 초래하고 제대로 수습하지 못하는 시스템이라도 그 때문에 저절로 사라지지는 않는 것이다. 재난이라는 위기가 언제나 재난에 대한 사유의 위기를 내포하는 이유가 여기에 있다.

이 책 『코로나 팬데믹과 한국의 길』은 그런 문제의식의 산물이다. 2020년 한해 동안 팬데믹을 경험적으로 또 이론적으로 다룬 글들이 이어졌지만 여기서는 특히 생생하고 구체적인 팬데믹 현장에서의 발신과 팬데믹을 통과하여 나아갈 진로에 관한 담론 차원의 구상을 두루 포괄하고자 했다. 제목의 일부인 '한국의 길'이라는 대목도 같은 맥락에서 비롯된 것으로, 직접적으로는 이 책의 글들이 출발하는 현장이 바로 한국의 현장임을 나타내는 표현이지만 간간히 언급되어온 글로컬(glocal)한 관점의 중요성이 한층 실질적으로 육박했다는 인식도 반영한다. 팬데믹이 세계화의 흐름을 가로막으며 폐쇄적인 국가주의를 강화한다는 우려도 있지만 실상은 모든 것이 자유로이 오간다는 세계화의 기치가 환상임이 드러난 데 가깝다. 코로나19와 씨름하는 과정은 육신과 그것이 속한 장소의 결속이 간단히 초월될 수 없고 그래서도 안 된다는 사실을 새삼 깨닫는 과정이기도 했다. 마찬가지로 팬데믹이라는 전지구적 위기가 요구하는 거대한 변화의 실마리 역시 한국사회라는 특정 장소의 감각에 충실함으로써만 포착될 수 있다고 믿는다. 더욱이 세계

다른 많은 나라들, 특히 서구 국가들이 민주주의적 동력을 잃어가는 것처럼 보이는 시기에 한국은 촛불혁명에서 비롯한 남다른 변화의 기운을 발동하던 중이었다. 팬데믹의 확산과 저지가 주어진 조건과 환경에 달렸듯 팬데믹이라는 무시무시한 계기를 대전환으로 돌파할 방도 역시 주어진 맥락과 역량에 연동될 수밖에 없다면, 다른 어느 곳이 아닌 '한국'의 길을 모색하는 의의는 한층 크다고 하겠다.

재난 일반에 관한 인식이나 담론과 비교하면서 팬데믹이라는 재난의 특이성을 논한 마지막 번역 글 「"우리는 정상으로 돌아갈 수 없다"」를 제외한 나머지에는 한국사회의 오랜 난제 또는 새로운 모색이 팬데믹이라는 뜻밖의 위기와 결합하면서 추동한 사유가 고루 담겼다. 「팬데믹 시대의 민주주의와 '한국모델'」은 팬데믹의 위기가 공동체와 집단 주체성을 새롭게 사유하여 민주주의를 질적으로 심화할 것을 요청한다는 논의에서 출발하여 서구의 팬데믹 담론들이 이런 요청에 응답하지 못한 채 공동체를 개인과 대립하는 통제기구로 보거나 포함과 배제의 프레임에 가두고 있음을 지적한다. K-방역을 둘러싼 국내외 해석들을 비판적으로 검토하며 한국의 방역 성과를 민주주의와 관련지어 의미화하는 이 글은 그 과정에서 정치적 우애를 새로운 공동체의 이념으로 재발굴하는 한편 우애의 특별한 성취를 통해 실현될 '한국모델'을 구상한다. 서구 팬데믹 담론의 문제점은 뒤에 실린 「코로나19와 아시아의 타자화」

가 다룬 독일 사례에서도 확인된다. 이 글은 한국을 비롯한 아시아의 방역을 둘러싼 독일의 인식, 특히 아시아를 타자화하는 독일 언론의 이중적 잣대가 독일사회에 잠재된 오랜 인종차별주의와 오리엔탈리즘을 여지없이 드러냈음을 비판한다.

「탈성장 전환의 요구와 돌봄이라는 화두」는 팬데믹이 돌봄의 필요성을 극적으로 강조해주었지만 그럼에도 돌봄의 가치에 대한 재평가가 이토록 더딘 것은 그것이 성장주의에서 탈피하는 생태적 전환을 요구하기 때문임을 논한다. 뒤집어 보면 돌봄이야말로 성장주의과 싸울 유력한 가치이며 팬데믹 이후를 대전환으로 만드는 데 핵심적 위치를 차지한다는 이야기가 된다. 이어지는 「코로나19 위기, 재난 자본주의로의 퇴행인가, 생태사회 전환의 기회인가?」 역시 팬데믹이 반자본주의적 대안들을 본격적으로 논할 예외적 기회임에 주목한다. 무엇보다 팬데믹 위기와 생태위기가 긴밀히 관련되어 있으니 두 위기에 대한 대응 역시 상호 연결되어야 함을 역설하는데 여기서도 탈성장의 지향이 주요하게 제시된다.

「팬데믹 시기는 새로운 의료를 예비하는가」는 팬데믹이 호출하는 새로운 의료를 구상하며 그것을 위해 해결해야 할 사안과 필요한 조건들을 짚는다. 의료자원의 분배나 개인의 자유 제한, 치료의무 등 보건의료 분야에서 제기되는 중대하고도 민감한 사안들을 결정하는 데 무엇보다 민주주의적 숙의가 요청된다는 사실을 강조한다. 「코로나19 이후의 노동세계」는 제목처럼 노동세계의 오랜 취약점과 새로운 과제를 다룬 글로, 가장 취약했던 노동이 코로나19에도 취약하다는 점을 지적하며 개선 방도와 향후 전망을 논한다. 팬데믹이 노동시장에 처음 진입하는 청년들에게 두고두고 남길 '상처 효과'를 객관적 지표로 제시한 대목은 특히 주목할 만하다.

이어지는 세편의 글에서는 생생한 현장성이 더욱 돋보인다. 「코로나19 이후의 학교생태계는 어디로 가야 하나」는 교육이라는 일반적 틀이 아니라 물리적이고도 인간적인 공간으로서의 학교라는 관점에서 팬데믹이 야기한 변화를 전한다. 돌봄서비스가 이루어지는 장소이자 일자리 터전이며 그 자체로 공동체인 학교를 마냥 폐쇄하는 것이 답일 수 없음을 설득하는 이 글은 팬데믹이 도대체 학교를 왜 가는가 하는 질문을 던졌으니 우리에게 이 질문에 제대로 답해야 할 과제가 주어졌다고 말한다. 「저밀도와 소멸위험, 농촌에 코로나19 '이후'란 없다」에서는 팬데믹과 마주한 농촌의 독특한 아이러니가 가시화된다. 이 글은 농촌이 팬데믹의 대응책으로 권장된 '거리두기'를 일찌감치 실천한 저밀도 비대면 사회이면서도 건강한 생활과 거리가 멀 뿐 아니라 팬데믹 상황에서도 늘 후순위로 밀리는 처지임을 몇몇 실제 사례를 통해 보여준다. 요컨대 코로나19 이후를 말하려면 이전부터 있던 문제들을 잘 짚어야 한다는 것이다. 「바이러스는 넘고 인권은 못 넘는 경계, 콜센터」는 코로나19 집단확진의 온상으로 주목받은 콜센터의 노동현실을 생생히

전한다. 물리적 환경의 열악함에 더해 컨베이어벨트처럼 돌아오는 콜의 압박과 극심한 감정노동, 무엇보다 모멸적 직장문화가 가장 취약한 노동세계를 만들었음을 증언하는 이 글에서는 감염을 확산시킬 위험한 존재가 되고서야 콜센터가 주목을 받을 수 있었다는 지적이 특히 뼈아프다.

간략한 요약에서 드러나듯 이 책에 실린 글들은 구체적인 팬데믹의 경험에 토대를 두되 민주주의란 무엇이며 돌봄과 성장이란 무엇인가, 그리고 의료란, 학교란, 노동이란 무엇인가처럼, '정상'의 세계라면 어쩐지 머쓱했을, 하지만 '정상'이 아닌 현실에서 진작 던졌어야 할 근본적인 질문에 가닿고자 했다. 팬데믹 시대의 싸움은 바이러스를 막는 방역의 전선에서만 수행되는 게 아닐 것이다. 팬데믹에서 자유롭지 않을 또다른 한해가 우리 앞에 놓인 이때, 험난하고 치열한 싸움은 어떤 가치로 세계를 재구성할 것인가를 둘러싼 전선에서 벌어져야 마땅하다. 이 책이 그 싸움에 조금이나마 보탬이 되기를 바란다.

2020년 12월

황정아

차
례

팬데믹 시대의 민주주의와 '한국모델'

황정아

＊이 글은 『창작과비평』 통권 189호(2020년 가을)에 게재된
「팬데믹 시대의 민주주의와 '한국모델'」을 수정·보완한 것이다.

대안이 없을 수 없는 세계

'어떤 코로나 서사를 쓸 것인가'라는 질문을 통해 팬데믹이 안겨준 과제를 짚어본 글에서, "바이러스의 여전한 기세에도 불구하고 코로나 서사의 중심 플롯은 실패가 아니며 그 장르가 재난이 아니라는 것만큼은 분명해지고 있다"라고 말한 적이 있다.* 그 서사의 배경은 한국사회였고 그렇기에 일정한 확산과 감소를 거치며 여러

---

* 졸고 「어떤 '코로나 서사'를 쓸 것인가」, 창비주간논평 2020.3.4. '그 장르가 재난이 아니'라고 한 것은 (음모와 미담이 적절히 가미된 스펙터클이거나 아무것도 해결되지 않은 채 느닷없이 끝나는 등의) 전형적인 재난서사 구도로 흘러가지 않는다는 뜻이었으니 팬데믹이 재난이 아니라는 말은 물론 아니다.

달이 흐른 지금도 (아직 완결되지 않았다는 단서를 단 채로) 유효하다고 보지만, 매일 업데이트되는 전세계 코로나19 현황판은 참혹한 재난서사에 다름없다. 거기 적힌 숫자들은 재난이 재난으로 엄중히 감각되지 않고 실패가 실패로 통렬히 인정되지 않을 때 어떤 일이 벌어지는지 알리는 메시지이다. 패권국가임을 과시하듯 윗자리를 점거한 미국을 비롯해 주르르 늘어선 나라들의 목록 사이로 이른바 자본주의적 열국체제(interstate system)에 숨겨진 무수한 아이러니가 전해지는 듯하다. 그렇다 해도 전세계를 배경으로 한 코로나 서사 역시 완결되지 않았고 아직 정해진 결말을 이야기할 때는 아니다.

팬데믹 이래의 사실들로 대차대조표를 만들면 오늘날의 세계는 압도적으로 '적자'일 수밖에 없다. 팬데믹 자체가 거대한 마이너스이며 일부 생태환경의 회복 조짐이 있으나 그 모든 죽음과 고통을 상쇄할 확실한 플러스는 등장하지 않았다. 그러나 일어난 일을 보여줄 뿐인 대차대조표와 달리, 팬데믹을 둘러싸고 쏟아져 나온 담론들에는 장차 일어날 일 또는 거의 일어난 일에 대한 기대와 우려가 어느 때보다 들끓는다. 기대와 우려는 실현되지 않은 상태로 이미 작동하는 모종의 역량이어서 기록된 사실들 못지않은 존재감을 갖는다. 그것들의 밀도야말로 팬데믹 서사를 앞으로 밀고 나가고 가능성을 열어주는 주된 힘이다. 여기서 분명히 해둘 점은 기대나 우려 어느 쪽도 더는 예전의 삶을 회복하는 일을 상정하지 않는다는 사실이다. 그것들은 무엇보다 이전으로 되돌아갈 수 없다는 판단에서 희망 또는 절망의 원천을 발견한다.

팬데믹이 이제까지의 삶의 방식이 야기한 결과이며 그런 점에서 이번이 마지막일 리 없다는 인식은 이제 평범한 사람들 사이에서도 하나의 상식으로 자리잡았다. "예전의 일상이 이미 재난이었"[1]음을 드러내준다거나 기후위기라는 한층 심각한 "다음 위기의 리허설"*이라는 통찰도 널리 공감을 얻었다. 무엇보다 "가장 거대한 것들이 항상, 언제라도 바뀔 수 있다는 사실"[2]을 드러내는 심각한 충격이어서 실감의 영역에서 삶은 이미 돌이킬 수 없이 달라져버렸다. 이런 실감을 묵살한 채 예전으로 되돌아가려는 움직임이 없다는 이야기는 아니다. 사태가 조금도 진정되지 않은 상황에서 일터로 돌아가라거나 일상으로 복귀하자는 무책임한 종용이 있는가 하면, 대책 없이 봉쇄조치를 해제하는 경우도 적지 않다. 이런 식의 '일상의 회복'은 그 자체가 악화된 일상이다. 부득이 일상을 유지해온 사람들, 사회의 필수분야를 떠받쳐온 노동자들에게 지속

---

* "바이러스의 틈입은 마치 다음번 위기의 리허설, 즉 우리 모두에게 삶의 조건을 재정향하고 일상적 실존의 모든 세부를 주의 깊게 추려내기를 배우라는 과제를 제기할 다음 위기의 리허설 역할을 하는 듯하다. (…) 다른 많은 이들이 그러하듯 나도 이 보건위기가 우리에게 기후변화에 대비하도록 채비하고 유도하고 촉구한다는 가정을 내놓는다." Bruno Latour, "Is This a Dress Rehearsal?," *In the Moment*, 2020.3.26.

된 일상이란 전보다 더 큰 부담에 감염 위험까지 얹어진 것임이 입증된 바 있다.

되돌아가는 일이 더 나빠지는 일과 동의어가 된 한편, 미래는 한층 앞당겨져서 지난 수십년간 그토록 강렬하게 부인되고 조롱받아온 '대안'의 존재가 어느새 현실이 되었다. 한마디로 대안이 없을 수 없는 세계가 된 것이다. 이제 '어떤' 대안이냐는 문제가 전면에 나선다. 빠르게 달라지는 세계에서 전에 없던 무언가의 실행은 대안의 실천과도 같다. 무엇을 사유하든 거의 불가피하게 거대담론으로 연결되며, 사유의 실험과 삶의 실험 사이의 거리도 부쩍 가까워진다. 그러므로 어떻게 생각해야 하는지가 어느 때보다 중요해졌고 '가치'를 둘러싼 판단이 최전선이 되었다.

무엇을 두려워해야 하나

사유란 정합적인 논리로만 구성되지 않으며 언제나 정동(affect)이라 할 만한 것을 동반하기 마련이고, 사유의 정동적 에너지가 특히 집중된다는 점에서 기대와 우려야말로 가치의 전선을 구성하는 주된 요소인지 모른다. 무엇을 기대하여 성취하려 하는지가 사유의 성격을 단적으로 드러내지만 무엇을 두려워하는가라는 지점에도 마찬가지로 많은 함축이 담긴다. 일차적으로 당연히 감염병

자체가 두려움의 대상으로 등장하지만 일부 팬데믹 담론은 비교적 성공적인 방역 사례에서 우려할 이유를 발견한다. 주지하다시피 'K-방역'은 (방역 책임자들도 누구이 강조하듯 성공 여부를 예단하기는 여전히 이르지만) 하나의 모범으로 세계의 관심을 끌었는데 한국이 방역통계만으로 단연 독보적이어서는 아니었다. 가령 대만의 경우 일찌감치 문을 걸어 닫고 초기 진화한 점에서 뒤따라 적용하기에 마땅치 않고, 수치상 나쁘지 않은 중국은 바이러스의 진원지라는 비난에다 확산을 막을 수 있지 않았느냐는 추궁마저 받는 사정이다. 일종의 체제경쟁이 가세하면서 K-방역은 한때 더 투명하고 개방적이면서 더 창의적이고 기술적인 방식으로 바이러스를 통제했다는 평판을 얻은 것이다. 하지만 그런 평판이 잦아들기도 전에 중국·대만 등과 함께 '아시아적' 사례로 분류된 채 '서구적' 해석에 따른 우려의 시선을 받기도 한다.

　유럽과 아시아, 또는 서양과 동양으로 나뉘는 오래된 구도의 출처는 으레 그렇듯 유럽이다. 태거트 머피(R. Taggart Murphy)는 팬데믹 상황이 드러낸 아시아의 "성공적 정치"의 공통점을 묻고는 "유교적 정치 유산"(Confucian political heritage)이라고 스스로 답한다. 그는 이 지역에서 재출현한 유교적 사고방식의 두 특징으로 하나는 전문가에 대한 신뢰를, 다른 하나로는 통치의 정당성이 질서의 보존에서 확보된다는 의식을 든다.[3] 그 덕에 전문가들의 견해를 토대로 팬데믹이라는 자연적 질서 교란에 신속히 대처할 수 있었다는 이야기다. 머피의 논의는 '성공'에 관한 설명으로 제시되었기에 표면적으로 폄하의 기색은 없다. 하지만 그의 설명에서 성공 요인은 어디까지나 오래된 것의 잔존이나 재출현이지 새로운 것의 개척이 아니며 따라서 얼마든지 사라질 수 있고 더구나 그런 것들이 과거에 없었던 곳에서 모델로 삼을 성격은 아니다. 식자층을 존경하고 질서를 중시한다는 언급에도 더 '발전된' 정치적 감수성에 비추어 비민주적이고 순응적이라는 함축을 차단할 의지는 없어 보인다.

본격적인 비판과 우려는 한병철의 글이 단적으로 보여준다. 유럽의 실패에 대한 지적으로 시작되는 그의 글이 정작 강조하는 것은 중국과 한국 등 아시아가 코로나바이러스는 더 잘 막았을지 몰라도 "디지털 바이러스" 즉 디지털기술을 활용한 감시와 통제에 극히 취약하다는 점이다. 권위주의적 의식과 순응성, 그리고 개인주의의 결핍과 디지털 감시에 대한 비판의식 부재가 결합하여 유럽인의 시각에서 보면 이미 실현된 디스토피아와 같은 "디지털 생명정치"를 허용한다는 것이다.[4] "중국적인 디지털 치안체제가 서구까지 도래할 것"을 무엇보다 우려하는 한병철의 논의는 아시아에 대한 오랜 관념의 다른 버전일 뿐 아니라 '냉전적 정치 유산'의 재출현일 소지도 엿보인다.* 방역조치들의 조건과 맥락을 구체적

* 가령 지난 7월 23일 "자유세계가 공산 중국을 바꾸지 않으면 공산 중국이 우리

으로 살피지 않은 채 문화적 습성으로 낙인찍은 점이나 나라별 차이를 무시하고 한데 묶는 점에서 이런 설명은 그간의 유럽중심주의 비판의 역사를 무색하게 만든다. 그러나 이를 유럽중심주의로 재차 비판하는 데 그쳐서는 더 중요한 다른 지점을 놓칠 위험이 있다.

한병철의 글이 우려한 '생명정치'(biopolitics)가 아시아권을 겨냥해서 등장하는 것만은 아니다. 생명정치 담론의 대표 논자인 아감벤(G. Agamben)은 이딸리아의 상황을 놓고 유사한 비판을 내놓아 논란을 야기한 바 있다. 그는 이딸리아가 방역을 위해 취한 각종 제한조치들을 "엄청난 과잉반응"(such a disproportionate response)으로 규정하고, 예외상태를 일상적 통치 패러다임으로 만들려는 권력이 테러를 두고 그랬듯 팬데믹을 '발명'하여 예외조치들을 정당화하고 있다고 설명했다.[5] 이딸리아의 실제 상황에 대비되어 아감벤의 주장은 많은 반발을 샀으나 그는 '해명'(Clarifications)이라는 제목으로 내놓은 후속 글에서도 "우리 사회는 벌거벗은 생명(naked life) 말고는 아무 것도 믿지 않"지만 "벌거벗은 생명, 그리고 그것을 잃을 위험은 사람들을 하나로 묶어주는 게 아니라 눈멀게 하고 분열시킨다"라고 개탄한 데 이어, "영속

를 바꿀 것이다"라고 한 폼페이오(M. Pompeo) 미 국무장관의 반중 담화(*The Guardian*, 2020.7.24 참조)를 연상시킨다. 중국에 대한 우려를 표명함으로써 무언가를 회피한다는 점도 양쪽의 공통점인지 모른다.

적인 비상사태에서 살아가는 사회는 자유로운 사회일 수 없다. 우리는 사실상 이른바 '안전이라는 평계'에 자유를 희생시켰고 따라서 항속적인 두려움과 불안정의 상태로 전락한 사회에 살고 있다"라고 거듭 강조했다.[6]

팬데믹으로 입은 이딸리아의 피해가 너무나 컸기에 아감벤의 우려에는 사실 차원의 판단착오가 도드라지지만, 상식에 반하는 판단 자체보다 그런 판단을 거의 자동적으로 촉발한 생명정치와 예외상태 담론의 프레임이 더 문제적이다. "감염병으로 인해 불가피해진 조치들을 푸꼬 같은 사상가들이 설파했던 감시와 통제라는 통상적 패러다임으로 즉시 환원하지 말아야 한다"라는 지젝(S. Žižek)의 지적이 그 점을 간파하고 있다. 지젝은 예외적 조치들보다 더 두려운 것은 "이 조치들을 감염병을 다루고 봉쇄하는 데 쓰지 않은 일, 정부 당국이 진짜 데이터를 조작하고 은폐하는 일"이라고 꼬집는다.[7] 에스뽀지또(R. Esposito) 역시 생명정치의 중요성은 인정하지만 이딸리아 상황에서는 민주주의를 위협하는 극적인 전체주의적 통치가 아니라 공적 권력기관의 붕괴가 문제라고 본다.[8] 격리가 생명정치적 통제이기보다 오늘날 '사회적인' 사람들이 취하는 합당한 행동양식이며 사람들을 구하자고 경제 마비를 무릅쓰는 것이 그들 관점의 '생명정치적' 선택이라는 벤베누또(M. Benvenuto)의 지적도 상식에 부합한다.[9] 요컨대 지금 우려할 바는 생명정치의 작동이 아니라 그 불능이라는 것인데, 이를 좀더 밀고 나가면 사실상 불능이야말로 생명정치의 더 근본적인 작동방식이 아닌가 하는 합리적 의심에 도달하게 된다. 더불어, 철학자들은 방역조치에서 통제 강화를 염려하고 지배계급은 통제 이완을 염려하는 현 상황의 아이러니를 지적하면서 예외상태 담론이 언제나 존재했던 착취와 강탈의 지배방식을 간과한다는 데라모(M. D'eramo)의 비판도 유효하다.[10] 이런 지적들은 모두 감시와 통제 패러다임이 빠지기 쉬운 정치적 일면성을 설득력 있게 드러낸다.

사실 이 프레임이 노정한 한계는 개별적인 특성이기보다 비판적 담론 상당수가 갖는 전형성을 보여준 것으로 파악되어야 한다. 앞의 논의에서 드러나다시피 그런 전형성 가운데 하나는 국가에 관한 편향적 태도다. 예외상태 담론을 위시한 여러 이론들은 국가를 기본적으로 저항하고 비판할 대상으로 파악한다는 점에서 사실상 탈국가 담론이다. 국가란 개인들의 직접적인 반대항이거나 개인들을 포함과 배제의 논리로 분열시키는 힘으로 규정된다. 민주주의 국가나 민주주의 권력이라는 지칭은 형용모순까지는 아니라도 다만 부차적 변별에 불과하며 주권권력의 논리에서 벗어나지 못한 점에서 민주주의와 전체주의 사이에 근본적인 정치적 차이는 없다고 치부되기도 한다. 그런 관점에서는 방역을 위한 국가의 조치들이 곧장 주권권력의 본질적 경향인 감시와 통제의 (예외적) 강화로 분류될 수밖에 없다. 그 때문에 많은 국가들이 극심한 불능을 드러내는 팬데믹의 상황에서 아감벤처럼 실상과 부조리하게 어긋나는 비판을 내놓거나, 국가의 작동 불능에 대한 개탄과 국가주의 강화에 대한 개탄이라는 양립 불가능한 입장 사이를 매우 편의적으로 오가면서 어떻든 국가 비판이라는 습관적 위치를 고수하는 경우가 허다하다. 유럽에 대해서는 국가의 실패를, 아시아에 대해서는 국가의 강화를 비판한 한병철의 글이 대표적이다.[*] 여기서 비롯되는 국가 비판의 상투성과 둔탁함도 문제지만 그런 비판이 정치성을 대체하면서 실제로 어떤 통치가 작동되어야 위기를 타개할 수 있는가 하는 질문이 관심 밖으로 밀려난 점이 더 심각하다.

팬데믹이 노출시킨 담론의 맹점은 "우파가 하는 일에 뭐든 '#저항'하는 데 점점 강박되어 진정한 체제적 대안을 결핍한 좌파의 혼란"과 일맥상통한다.[**] 그렇다고 국가가 하는 일에 순순히 따르거나 국가적 사무는 그저 국가에 맡겨놓자는 태도가 답일 리는 없다. 오늘날 맡겨두면 안심이 될 역량을 보여주는 국가도 드물지만 얼

---

[*] 한편 국가의 작동 불능이 다시금 국가를 제외하는 정치로 이어질 가능성에 대해서도 경계할 필요가 있다. 여기에 관해서는 지젝의 다음 대목을 참고할 만하다. 그는 방역 실패가 야기할 국가권력에 대한 "믿음의 해체를 민중이 국가기구들 바깥에서 지역 차원으로 자기조직화할 수 있는 기회가 열린 것으로 환영하려는 유혹에 빠지지 말아야 한다. **'임무를 다하고' 믿을 수 있는 효율적 국가가 오늘날 적어도 어느 정도는 그 어느 때보다 절실하다.** 지역 공동체의 자기조직화는 오직 국가기구와 과학의 조합을 통해서만 작동할 수 있다." 슬라보예 지젝 『팬데믹 패닉: 코로나19는 세계를 어떻게 뒤흔들었는가』, 강우성 옮김, 북하우스 2020, 150면. 강조는 인용자.

[**] Lee Jones, "Coronavirus Is the End of the End of History," *Tribune*, 2020.3.25. 조운즈 역시 아감벤의 경우가 그같은 좌파의 혼란을 보여주는 대표적인 사례라 본다.

마간 그런 역량을 보여주면서 순순히 따를 것을 요구하는, 가령 중국의 경우가 '진정한 체제적 대안'이 아님은 말할 필요도 없다. 설사 중국 당국이 방역 임무를 다하고 통제조치조차 적절했다고 판명된들 결정과 시행의 일방성에서 비롯되는 탈정치적 면모가 상쇄되지 않으며(따라서 방역조치들이 향후 항구적으로 강화된 감시 기제로 전환되리라는 의혹을 잠재울 수 없으며), 국가가 책임을 다한다고 해서 국가에 책임을 물을 수 없는 구조가 민주주의가 되는 건 아니기 때문이다. '중국모델'은 이른바 아시아의 성공이 도리어 우려를 자아내고 여하한 국가 조치들이 음모론적 의혹을 사는 사태를 해소할 수 없으며 그런 해석에 의도치 않은 연료를 보급해준다. 그렇다면 남는 것은 국가의 개입을 촉구하는 동시에 그런 개입 자체에 정치적으로 개입하는 것, 곧 국가의 민주화밖에는 없는데, '이것이 나라냐'라는 촛불시민들의 구호만큼 이 과제를 잘 요약해주는 것이 있을까.

K-방역과 민주주의

그러나 "유럽이 직면한 과제는 중국에서 행한 일이 훨씬 투명하고 민주적인 방식으로 이루어질 수 있다는 사실을 증명하는 것"[11]이라 한 지젝조차 그런 일이 한국에서 진행되고 있을 가능성은 고려하지 않는다. K-방역에 쏟아진 관심에 비해 그것을 더 넓은 정치적 맥락과 연결하는 의미화는 매우 제한적이어서, (꼬집어 말하지 않았어도 맥락으로 전달되는바) 전근대적 유산의 작용이나 반대로 위험한 기술 디스토피아의 전조로 해석되기 일쑤였음은 앞서 본 대로다. 그런데 국가 개입의 불가피함과 책임있는 개입의 중요성을 말하는 논자들도 그런 일이 실제 일어난 사례에서 본격적인 해석을 끌어내지 않는 것을 보면 한국을 왜 더 적극적으로 평가하지 않는가 하는 '국뽕적' 불만이나 유럽 중심의 시선이라는 일반적 비판 차원을 넘어, 담론의 상투성과 관련된 또다른 증상이 아닌지 의심하게 된다.

조운즈(L. Jones)의 예가 시사적이다. 그는 우파가 국가 개입을 말하는 판국에 좌파를 좌파이게 하는 것은 "오로지 그 개입에 대한 민주적이고 대중적인 통제에 대한 요구"라고 합당하게 강조한다. 그러면서도 동북아에서 방역과 관련해 국가 개입이 실제로 효율적으로 이루어진 이유는 "사회적 유대가 강하게 **남아 있고** 국가들이 **아직** 경제적·사회적 결과에 더 직접적으로 책임을 지기" 때문이라 설명할 뿐 거기에 '민주적이고 대중적인 통제'가 함께 작동했을 여지는 감안하지 않는다.* 마치 그곳에 '아직 남은' 사회적 유대와

---

* Lee Jones, 앞의 글, 강조는 인용자. 그가 이내 중국과 한국을 묶어 '감시와 통제 체제'라는 관습적 범주에 집어넣는 것도 마찬가지 맥락인데, 아감벤을 비판하면서도

국가의 책임성이란 조만간 사라질 운명이라는 듯이, 더 나아가 그런 유대와 책임은 국가에 대한 민주적인 통제와 무관하거나 국가에 대한 민주적인 통제는 유대나 책임을 요청하지 않는다는 듯이 말이다. 조운즈의 논의에 나타난 기묘한 내적 균열은 '민주적이고 대중적인 통제' 내지는 '투명하고 민주적인 방식의 개입'을 둘러싼 상상력에 어떤 고질적 결락이 내재함을 암시한다. 한국의 사례는 그런 결락이 결락으로서 분명히 드러나는 계기가 된다.

수전 왓킨즈(Susan Watkins)는 동일한 방역조치라 해도 시행되는 나라의 상황에 따라 극단적으로 다른 결과를 낳을 수 있음을 보여주며 "팬데믹이라는 외인성(外因性) '사건'과 그것이 맞닥뜨린 국가 내부의 또는 국가들 간의 정치적 국면들, 그리고 세계자본주의 경제의 근저에 깔린 경쟁적 동학 사이의 상호관계"를 감안해야 한다고 지적한 바 있다.[12] 마찬가지로 방역 성공이 감시와 통제의 강화인지 아니면 책임있는 개입조치인지, 또는 더 나아가 개입에 대한 민주적인 통제인지 판별하기 위해서도 조치들의 효율성 여부만이 아니라 그것들이 어떤 국면에서 시행되었는가를 짚어야 한다. 가까운 연결고리에서 출발하자면 무엇보다 거기에 기꺼이 따른 사람들이 왜 그렇게 행동했는가를 물을 수 있다. 조치들의 성공적 시행은 애초에 사람들의 협조 없이는 가능하지 않기 때문이다.

그 점에 있어서는 마찬가지 프레임으로 복귀하는 셈이다.

국가(및 집단)와 개인, 통제와 자유 사이의 대립구도에 따르면 국가의 통제에 협조하는 순간 자동적으로 자유를 포기한 채 순응하는 집단으로 전락한다. 다른 가능성, 즉 국가의 개입을 집단적으로 수용하면서도 동시에 그러한 국가의 개입을 요구하고 그에 대한 '민주적이고 대중적인 통제'를 실천하는 집단 주체는 어떻게 명명되어야 하는가. 민주주의의 토대가 되는 '인민주권'의 주체인 바로 그 '인민'이라고 즉각 답할 수 있다. 중국의 경우를 "인민을 사랑하고 보호하고 보살피고 통제해야 하지만 (…) 믿어서는 안 된다"라는 전제 위에서 작동한다고 비판*할 일이라면, 그런 '인민에 대한 믿음 부재'는 서구 논자들에게도 마찬가지로 적용되어야 마땅하며 국가를 믿지 않는 것처럼 보이는 태도에 실상은 '인민'을 믿지 않는 태도가 숨겨져 있음을 지적해야 한다. 민주주의를 말하면서도 민주주의적 집단 주체성이 적극적으로 묘사되지 못하는 데는 '여전히 남아 있는' 오랜 구도의 작용이 엿보인다. 통치를 받으면서 동시에 통치하는 집단 주체가 자유롭고 자율적인 개인이라는 범주와 온전히 겹쳐질 수 없다는 감각 말이다.

『시사IN』의 "코로나19가 드러낸 '한국인의 세계'"라는 기사 시리즈는 이런 주제를 본격적으로 다루고 있어 유익한 참조점을 제

---

* 슬라보예 지젝, 앞의 책 24면. 아울러 그같은 중국의 국가 운영이 "마오쩌둥의 옛 구호 '인민을 믿어라'에 역행"한다고 지적한다.

공한다. 그 가운데 '의외의 응답 편'[13]은 한국의 방역 성공이 집단주의나 순응성, 다시 말해 개인과 자유에 대한 감각의 부족으로 설명되는가라는 질문에서 시작된 대규모 사회조사의 결과를 분석한다. 조사자들이 당황할 정도로 선명하게 나온 결과에 따르면 "한국의 방역을 성공시킨 힘"은 "권위주의, 순응 성향, 집단주의"가 아니며 "민주적 시민성이 높은 사람들, 수평적 개인주의자들"이야말로 "방역 성공의 주역"이다. 설문들을 토대로 기사는 '민주적 시민성'을 "개인이 자유롭기를 바라지만, 좋은 공동체 안에서만 진정으로 자유로운 개인이 가능하다고 믿"고 "그래서 좋은 공동체를 만드는 데 시간과 노력을 들"이는 것으로 정의 내린다. 이런 분석은 한국 사례를 둘러싼 편향적 이해를 교정할 뿐 아니라, 집단과 개인, 특히 개인의 자유를 가르는 구분이 어떤 아포리아가 아니며 실제 사람들의 실천과 동기에서 얼마든지 해소될 수 있음을 구체적으로 입증한다.*

다만 여기서 '좋은 공동체를 만드는' 노력이 다름 아닌 민주적이

---

* 후속 기사에서는 '간섭으로부터의 자유'라는 미국식 관념과 '위험으로부터의 자유'라는 북유럽식 관념을 대비시키면서 개인과 집단 구분의 다른 표현이기도 한 자유 대 간섭/규제라는 상투형에 도전한다. '위험으로부터의 자유'를 확보하기 위해 "상호 의무의 거미줄로 서로를 묶"는 '연대'야말로 "자유로 가는 길"이라는 것이다. 그럴 때 국가 역시 강제권력이 아니라 "그저 연대의 원리를 집행하는 행정 서비스 제공자에 더 가까워진다." 천관율 「코로나19가 드러낸 '한국인의 세계': 모두를 위한 자유 편」, 『시사IN』 666호, 2020.6.23.

고 대중적인 통제, 곧 인민주권의 행사임이 충분히 부각되지는 않는다. '민주적 시민성'이라는 명명에서의 '민주적'이라는 측면, 곧 스스로를 통치하는 시민이라는 측면 말이다. 이 점은 기사의 제목이 '코로나19가 드러낸'이지만 실제 분석에서는 코로나19 자체가 변화의 기점이 되어버리는, 다시 말해 '코로나19가 만든'으로 바뀌는 문제점과 관련된다. 애초에 설문이 감염병 전후의 변화를 묻는 방식으로 작성되었기에 이는 어쩔 수 없는 귀결이다. 기사는 감염병이 변화의 결정적 기점이 되는 이유를, "공동의 목표를 앞에 두고 함께 싸워나가는 경험, 공동체에 중요한 일에 참여하는 경험은 사람들의 마음을 고양시킨다. 극단적인 사례는 전쟁이다. 전시에 사람들이 들뜨고 소속감과 공동체 의식을 느끼는 힘은 널리 알려져 있다. 코로나19 방역전에서 시민들은 전시 고양감을 저강도로 경험하는 것 같다"라고 설명한다.[14] 이런 해석은 코로나19와 방역전을 벌인 다른 곳에서는 왜 같은 방식으로 '고양감'이 발생하지 않았는지, 어째서 한국에서 이런 정도의 고양감이 발생할 수 있었는지 해명해주지 않는다. 국가에 대한 신뢰와 다른 개인들에 대한 신뢰가 맞물리며 발생한 '저강도' 고양감은 적대감과 공포가 주된 정동인 전쟁보다는 불과 몇년 전 집단적으로 국가를 개혁한 촛불혁명의 '고강도' 고양감과 연결하는 편이 훨씬 자연스럽다. 절대다수의 시민들이 '이것이 나라냐'고 물으며 발동한 주권자로서의 자기통치가 이번에는 책임있는 국가 조치를 추동하고 또 그것을 추동한 주체답게 해당 조치를 준수하는 형태로 발현된 것이다.

한국의 사례는 단순히 오래된 연대와 책임이 어떤 이유로 남아 있어서 방역이 효율적으로 실행된 것이 아니라 고양되고 응축된 민주주의의 경험이 방역에 필요한 유대와 책임을 낳았음을 일러준다. 그런 점에서 반정치적 순응이나 탈정치적 협력이 아닌, 그 자체로 정치적인 행위의 결과였다. 그럼에도 아직 많은 질문과 과제가 남아 있다는 기사의 결론은 적절하다. 팬데믹이 "국가의 개입을 표현하는 색다르고 좀더 미묘한 용어가 필요하다"[15]는 자각을 낳았다면, 국가의 개입에 개입하는 민주주의적 집단 주체성의 기제를 표현할 '색다르고 좀더 미묘한 용어'의 필요성도 일깨운다. 그런 용어를 고안하는 것, 또는 그런 가치를 상상하는 것도 남아 있는 질문과 과제에 속한다.

커먼즈의 이념으로서의 우애

팬데믹의 위기가 실증한 민주주의적 집단 주체성의 요구는 팬데믹이 그 '리허설'에 불과한 기후변화의 위기 앞에서 더욱 절실해지며 더불어 국가 단위에 한정된 사안이 아니라는 사실도 분명해진다. 그런데 집단적 주체 또는 공동체에 관한 대담한 상상을 주저하게 만드는 요인은 집단과 개인이 상충하며 집단의 요구란 개인의 자유를 억압한다는 관점만이 아니다. 보편적 인간으로서의 개인과 특정 공동체로서의 집단을 맞세우는 또다른 버전도 있다. 거기서 공동체는 무엇보다 포함과 배제의 논리에 기초하는 구성체로 파악되고 따라서 소속된 개인들의 자유를 설사 증진하더라도 소속되지 않은 타자들은 적대시하거나 방치한 죄과를 심문받는다. 개인의 자유가 얼마나 보편적으로 보장되느냐를 묻는 이 구도에서는 공동체가 평등이라는 가치와 대립하는지 여부가 초점이다. 오늘날 국가나 여타 공동체에 가해지는 비판은 포함된 구성원에 대한 억압 못지않게 누군가를 포함하지 않음으로써 실행한 억압을 둘러싸고 빈번하게 제기된다.[*]

그러나 배제를 전제하므로 제대로 '작동하는' 공동체란 애초에 없다고 비판하는 것은 '#저항' 강박의 또다른 사례일 뿐이며, 배제를 멈추기 위해 공동체 자체를 '작동하지 않게' 만들자는 제안도 당면한 위기에 응답하는 대안이 될 수 없다. 오히려 끊임없는 포함의 운동으로 공동체를 재구성하는 것이 적절한 방향이며 여기에는 다시 포함의 성격을 재규정하는 작업이 필수적이다. 그렇듯 전면적으로 공동체를 혁신하려는 담론적 실천으로 '커먼즈'

---

[*] 이 문제는 보편적 인간을 지칭하는 개인과 인민주권의 주체로서 제도적으로 보장된 시민 사이의 불일치, 곧 인권과 시민권의 불일치로 드러나기도 한다. 인권과 시민권을 둘러싼 논의를 정리한 글로는 졸고 「인권과 시민권의 '등식': 〈인간과 시민의 권리선언〉을 중심으로」, 『영미문학연구』 20호, 2011 참조.

(commons, 공동영역) 논의가 있다. 이 담론에서 '커먼즈'란 단순히 공유지나 공유자원 같은 것이 아니라 "공동체의 구성원들이 스스로 정치의 주체라는 자각 속에서 국가와 공적인 공간을 장악하고 변화시키려는 노력 그 자체"[16]를 핵심으로 한다. 그런 공동체의 구성원이란 '소속'된 이들이 아니라 주체임을 자각하고 변화의 노력을 수행함으로써, 다시 말해 '커머닝'(commoning) 작업을 수행함으로써, 공동체를 비로소 생성하는 이들을 지칭한다. 여기서도 배제가 야기되는 것일까? 그럴 수도 있다. 하지만 이때의 배제는 억압이 아니며 '포함'의 대립물조차 아닌, 실현을 기다리는 대기 상태의 잠재성이다.

무엇보다 커머닝이 어떤 사적 권리를 누리거나 유형·무형의 재산을 소유하는 일이 아니기 때문이다. 커먼즈 담론은 소유 관념을 겨냥하여 출발했고 특히 사유재산권에서 비롯된 공동영역의 황폐화를 문제삼고 있거니와, 가령 문학을 비롯해 인간적 의미와 가치의 세계를 가리키는 인간문명 자체가 커먼즈임을 떠올리면 그때 무언가를 갖는다는 것은 "우리에게 속한 것, 곧 우리의 재산에 대한 당당한 소유권"이 아니라 오히려 "우리가 그에 속한 (…) 것을 향한 근본적이며 살아 있는 경의"를 뜻한다는 사실을 깨닫게 된다.[17] 그럴 때 '포함'된다는 것 역시, "협동적 창조를 통해 생성될 뿐 아니라 그것을 통해 지속되는 세계"[18]로서의 인간문명을 바로 그 협동적 창조를 실천함으로써 살아 있게 하는 일을 가리킨다. 따라서 커먼즈로서의 공동체에서 배제란 필연적으로 내재된 논리이 긴커녕 그 자체로 공동체의 작동 중지를 뜻한다.

이런 의미에서 커먼즈의 주체는 자기통치하는 민주주의의 집단 주체와 이어지면서도 '자기통치'의 의미를 '인민주권' 개념이 연상시키는 권력 또는 권리의 지평 너머로 데려간다. 권력, 권리, 재산 혹은 여타의 부당한 소유를 비판하되 궁극적으로는 소유의 본성을 바꾸는 이 커머닝의 과정은 민주주의의 차원에서 어떤 용어로 번역될 수 있을까. 또는 어떤 민주주의적 가치가 그 과정을 충실히 재현할 수 있을까. 자유와 평등이 우리에게 익숙한 용어이고 커머닝이 주체들의 자유롭고 평등한 관계를 동반할 것은 물론이다. 하지만 자유와 평등이 (그 실현이 궁극적으로 요구하는 바일지라도) 반드시 공동체의 (재)구성을 향한 협동적 창조 자체를 함축하지는 않는다. 이 지점에서 대안과 유토피아를 분명히 하려면 프랑스혁명의 3대 구호, 곧 자유·평등·우애를 다시 읽어야 한다는 월러스틴(I. Wallerstein)의 발언을 되새기게 된다.

그는 프랑스혁명이 자유도 평등도 성취하지 못한 것은 단일한 과제인 그것들이 분리된 목표로 추구되었기 때문이고 그래서 혁명이 조화와 동질화에 대한 기대를 만들어냈음에도 실제 현실에서는 분열과 차이에 대한 의식이 커졌다고 이야기한다. 이어지는 그의 설명에서 눈길을 끄는 대목은 세 구호 중에서 대체로 "짐짓 경건한 부가물"로만 취급되어온 "우애(fraternity), 또는 1968년 이후

의 방식으로 다시 이름 짓는다면 동지애(comradeship)는, 엄청나
게 힘들게 유지되는 구성물이지만 이 연약한 가능성(prospect)이
사실상 자유/평등 성취의 기반"이었다는 언급이다.[19] 발리바르(É.
Balibar) 역시 '평등자유'(equaliberty)라는 용어를 통해 '평등=자
유'라는 명제를 강조하면서도 현실의 권력관계와 실천적 조건에
서는 "제3항을 도입하여 그 우선성에 의해 보증되거나 토대를 얻
지 않으면" 이 명제가 계속해서 "자유와 평등으로 나뉘거나 서로
구분되는 원칙이나 가치로 보이게" 된다고 지적한 바 있다. 따라
서 매개가 필요한데 역사적으로 그 매개의 하나가 '우애'였다는 것
이다.* 두 사람의 논의에서 여전히 중심은 자유와 평등(의 단일성)
이다. 하지만 자유-평등의 실현을 가능하게 해준 토대이자 매개라
는 이 우애야말로 커머닝의 협동적 창조에 대한 '색다르고 좀더 미
묘한' 정치적 표현에 특히 부합한다. "자유나 평등 개념과 달리 우

---

* Étienne Balibar, *Masses, Classes, Ideas: Studies on Politics and Philosophy Before and
After Marx*, trans. James Swenson, Routledge 1994, 50~51면. 발리바르에게서 '우애'
는 곧 '공동체'로 병기되는데, '평등자유'의 또다른 매개가 우애와는 상반된 '재
산'(property)이었다는 언급도 의미심장하다. 발리바르에 따르면 우애 또는 공동
체라는 매개는 그 자체로 갈등의 대상이 되며 실질적으로 '국가 중심의 우애와 혁
명적 우애' 또는 '국가공동체와 인민공동체'로 분열된다. 그렇게 되면 다시 국가를
둘러싼 문제로 되돌아가게 된다. 따라서 그의 논의에는 일종의 순환구조가 기입
되어 있다. 민주주의가 안고 있는 문제를 해결하기 위해 '평등자유'가 제시되지만
동시에 그것이 효과를 만들어내기 위해서는 매개가 필요한데 이 매개는 다시 민
주주의가 해결해야 할 문제를 발생시킨다는 식이기 때문이다.

애의 중요성은 법적이지도 제도적이지도 않으며 그 결과 실제 정치운동들에 더 좌우된다"[*]는 점 역시 우애의 취약성이기보다 실현되는 만큼만 살아 있는 커먼즈의 속성과 맞닿아 있는 대목이다. 이와 관련하여 "과거 세계의 역사에서 평등을 위한 혁명과 자유를 위한 혁명은 있었지만, 우애를 위한 혁명은 존재한 적이 없었다. 그러나 민주정치의 완성을 위해서는 무엇보다도 이 우애혁명이 필요하다"는 하또야마 이찌로오(鳩山一郎)의 발언도 기억할 만하다.[**]

그런데 민주주의적 가치로서 우애를 승인하는 데는 두드러진 장애물이 있다. 우애에 해당하는 'fraternity'가 '형제'(brother)를 중심에 놓는 명백히 남성중심적 표현이기 때문이다. 월러스틴이 그랬듯 '동지애' 같은 중립적인 용어로 대체할 수는 있겠지만 중요

---

[*] Giuseppe Panella, "Fraternité: Semantica di un concetto," *Teoria Politica* 2-3, 1989, 160면. Antonio Maria Baggio, "The Forgotten Principle: Fraternity in Its Public Dimension," *Claritas: Journal of Dialogue and Culture* 2 (2), Oct 2013, 39면에서 재인용. 이 인용의 초점은 우애가 정치적인 역할을 한다고 보기 어렵다는 데 있다.

[**] 鳩山一郎『鳩山一郎回顧錄』, 文藝春秋新社 1957, 190면. 도자와 히데노리「'우애'정치의 사상과 실천: 하토야마 유키오 정권의 외교와 내정」,『일본비평』 2호, 2010, 351면에서 재인용. 하또야마 이찌로오는 일본 민주당 및 자유민주당을 창당하고 1954~56년에 총리직을 맡은 정치인이며 그의 손자인 하또야마 유끼오도 2009~2010년 총리를 맡은 바 있는데 '동아시아공동체 구상'을 제출한 데서 보이듯 조부의 우애 이념에 공감한 것으로 알려진다. 한편 하또야마 이찌로오의 우애 구상은 유럽연합의 주창자로 유럽보다 일본에 널리 소개된 오스트리아 정치인 쿠덴호베칼레르기(R. N. Coudenhove-Kalergi)의 사상에서 영향을 받았다.

한 것은 '정치적으로 올바른' 용어의 채택이 아니며 사실상 전적으로 올바른 용어가 있는지도 의문이다. 가령 우정(friendship) 개념을 통해 이 문제에 접근한 데리다(J. Derrida)의 논의를 참고할 수 있다.[20] "오 나의 벗들이여, 벗이 없다네"(O my friends, there is no friend)라는 아리스토텔레스의 모순적인 발언을 모티프로 삼아 서구 담론에서 '우정의 정치학'의 계보를 추적한 데리다의 흥미로운 분석을 여기서 상세히 소개하기는 어렵다. 다만 아리스토텔레스식으로 '또다른 자아'를 모델로 하든 니체식으로 '자아'와 '또다른 자아'의 심연에서 구해줄 '제3자'를 모델로 하든 우정의 경우에도 '형제'의 형상이 특권을 가졌으며 여성에 대한 이중적 배제(즉 여성 간의 우정과 여성과의 우정에 대한 배제)가 있었다는 그의 지적을 보면 '동지애'라고 그 문제를 우회하리라 장담하기 어렵다.

　다른 한편, 우정의 계보에 선명한 편향과 배제를 지적하면서도 데리다는 그 계보의 자기해체적 면모, 곧 "기대, 약속, 내지 개입의 경험"으로서의 우정과 "기도의 담론"으로서의 우정 담론의 수행성에 여전히 주목한다. 그리하여 "형제애(fraternity)를 처방하는 이 모든 우정의 형상들을 근절하는 민주주의", "동성-형제적이며 남근중심적인 도식 너머 우리가 사유하려는 우정에 더는 모욕이 되지 않는 어떤 민주주의"를 요청하는 것으로 논의를 맺는 것이다.[*]

---

[*] Jacques Derrida, *The Politics of Friendship*, trans. George Collins, Verso 1994, 236,

그렇게 본다면 '형제애'에도 '우정'에도 걸친 '우애(友愛)'라는 번역어는, 도래할 우정을 통해 형제애를 문제화하고 형제애를 넘어서는 노력으로 우정의 도래를 선취하기에 더욱 용이한 이름인지 모른다.[*]

우애의 실현과 '한국모델'

팬데믹 시대는 국가를 비롯한 공동체를 다시 사유하고 협동적

305면. 하지만 데리다의 우정론은 늘 그렇듯 공동체와 사회적 유대를 넘어 근본적 비대칭과 이질성에 개방된 우정이라는 문제에 초점이 가 있고 타자를 향한 (무조건적) 환대 개념으로 이어진다는 점에서 공동체의 재구성에 방점을 두는 커먼즈 담론과는 거리가 있다.

[*] 더불어, 데리다와 낭시(Jean-Luc Nancy)를 비롯한 서구의 우애 논의가 '형제애'나 '우정'에 얽힌 온갖 특권과 편향을 제거하려다가 현실의 관계들 모두와 '디커플링'(decoupling)된 개인들 간의 심연 같은 추상적 관계로 회귀하는 경향을 보이는 점을 감안할 때 그런 경향을 경계하기 위해서라도 '우애'가 담은 구체적이며 모순적인 의미장을 유지하면서 넘어서는 일이 중요하리라 본다. 이 점에 관해서는 또 다른 본격적인 논의가 필요할 것이다. 다른 한편 페미니즘 논자들 사이에서 우정의 새로운 모델을 제시하여 자유주의적 정치이론의 토대인 추상적 개인에 맞서고, 우정에 내재하는 자발성을 통해 페미니즘이 구상하는 공동체를 구체화하려는 움직임이 있다는 사실도 기억해둘 필요가 있다. 여기에 관해서는 Heather Devere and Graham M. Smith, "Friendship and Politics," *Political Studies Review* 8 (3), 2010, 349~51면 참조.

창조, 곧 정치적 우애를 통해 집단 주체성을 적극적으로 재구성할 것을 민주주의의 과제로 제시한다. 그 점을 확인하며 한국의 사례로 되돌아가면 '촛불시위'야말로 우애에 대한 요구였으며 우애의 일시적이지만 경이적인 실현이었음을 상기하게 된다. 스스로 주권자임을 자각해나간 그 과정은 또한 서로를 주권자로 호명하는 과정이었고 그럼으로써 부단히 갱신되는 공동체로서 커먼즈를 체감하는 과정이었다. 하나의 목표가 수많은 의견을 이끌어내고 하나의 주장이 여러 요구로 공명되어나간 그때, 분노와 저항으로 광장에 나간 사람들이 더 강렬하고 뿌듯하게 감각한 그것이 우애가 아니라면 무엇이었을까. 아직 아무것도 해결되지 않은 시점에서조차 마치 해결되지 못할 게 아무것도 없는 듯이, 심지어 모든 것이 이미 해결된 듯이 느껴지던 그 기분 역시 우애가 선사한 '도래할 민주주의'의 역량이었을 것이다. 그 '고강도'의 우애가 서로를 향한 배려와 책임, 그리고 돌봄이라는 더 부드러운 형식으로 실현된 것이 K-방역의 성과이며 따라서 그 역시 민주주의적 우애의 실천으로 해석되어 마땅하다. 아직 끝나지 않은 방역을 성공으로 예단하자는 뜻이 아니다. 요컨대 방역 문제에조차 민주주의, 특히 민주주의적 우애가 관건이며 방역의 민주주의적 수행 여부가 팬데믹 이후에도 깊은 흔적을 남길 것이라는 이야기다.

이 글을 쓰는 시점의 한국 상황은 얼핏 팬데믹과도 무관하고 민주주의와도 어긋나는 듯 보이는 여러 문제적 사안으로 소란하다.

그 모두가 오랜 불평등과 차별의 잔존을 절감하게 만들지만 동시에 그런 문제들이 이토록 가시화되어 우리 모두를 정치적이고도 정동적으로 흔들어놓는다는 사실, 그것도 팬데믹이라는 심각한 위기의 와중에 그러하다는 사실 자체가, 한국사회가 맹렬히 작동하는 민주주의적 공동체이자 우애의 실현을 위한 투쟁의 장임을 나타내준다. 부동산 문제건 성폭력 문제건, 아니면 공공의료 문제건 검찰 문제건, 제대로 된 해결책을 도모하는 순간 그 하나하나가 거대담론의 차원과 맞닿아 있음을 실감하게 된다. 한일관계와 미중갈등, 더 나아가 팬데믹과 기후변화에 이르는 온갖 로컬하고도 글로벌한 과제들은 말할 필요도 없을 것이다. 그 가운데 특히 남북관계는 한국 특유의 과제일 뿐 아니라 우애의 실현이 과제 해결의 관건이라는 사실을 어느 것보다 뚜렷이 보여주고, 그럼으로써 다시 우애가 깊은 정서적 호소이자 첨예한 정치적 요구임을 일러준다. 따라서 남북 주민 사이에 그토록 유예되고 억압되어온 우애를 달성한다는 것은 곧 세계를 향해 우애의 어떤 모범을 세우는 일에 다름 아니다.

온갖 이슈가 '대안'에 육박하는 해결을 요구하는 이 비상한 상황에서 해결을 곧 대안으로 만드는 협동적 창조가 무엇보다 절실하다. 그런 꾸준한 우애의 결과들이 쌓일 때 비로소 '한국모델'은 소급적으로 존재하게 된다. 그 과정에서 어떤 대안을 제출하고 실행하는가에 못지않게 어떻게 대안에 도달하는가에 유의해야 한다.

실상 그 둘이 별도의 과정일 수 없다는 것이 커먼즈의 정치적 이념으로서 우애가 강조하는 바다. 우리 앞에 놓인 문제들을 두고 누군가는 열렬히 비판하는 것으로 충분한 대응이 된다고 여길지 모르고 또 누군가는 이미 제시된 답을 그저 선택하는 일만 남았다고 생각할지 모른다. 바로 그 지점에서 살아 움직이는 자기통치는 단순한 정치적 올바름으로 축소되며 협동적 창조로서의 우애는 권리의 행사에 밀려난다. 궁극적으로 민주주의 또한 커먼즈이며 주체들의 커머닝으로만 존재하고 유지되기 때문이다. 이반 일리치(Ivan Illich)의 말처럼 사회가 "우정들의 정치적 결과만큼만 좋아질 수 있을 뿐"[21]이라면, 민주주의도 정치적 우애의 결과만큼만 진전될 수 있고 '한국모델' 역시 그 점을 실증하는 만큼만 구현될 수 있다.

탈성장 전환의 요구와
돌봄이라는 화두

백영경

＊이 글은『창작과비평』통권 189호(2020년 가을)에 게재된
「탈성장 전환의 요구와 돌봄이라는 화두」를 수정·보완한 것이다.

전환의 요구와 한국판 뉴딜

코로나19의 세계적 대유행이 잦아들지 않는 가운데 역대 가장 긴 장마가 이어지면서 폭우와 홍수, 폭염 피해를 남겼다. 환경단체 기후위기 전북비상행동의 '이 비의 이름은 장마가 아니라 기후위기입니다' 해시태그 캠페인이 아니더라도, 인수공통 감염병의 유례없는 확산이나 빈발하는 기후재난이 올해로 끝나지 않으리라는 위기의식을 공유하는 사람들이 늘고 있다. 다른 미래를 모색하기 위해서뿐 아니라 현재 당면한 위기 상황에서 살아남기 위해서라도 닥쳐오는 변화에 단순히 적응하는 것을 넘어 삶의 방식을 바꿔야 한다는 공감대가 확산되고 있다.

지난 4월 총선에서 각 정당이 앞다투어 기후위기에 따른 생태계 파괴와 사회경제적 위기의 동시 해결을 목표로 한다는 '그린뉴딜' 정책을 내놓은 것도 이같은 분위기에서 일어난 일이었다. 7월에는 문재인 대통령이 '한국판 뉴딜 국민보고대회'를 열고 "한국판 뉴딜은 선도국가로 도약하는 '대한민국 대전환' 선언"이라고 밝히면서, "추격형 경제에서 선도형 경제로, 탄소의존 경제에서 저탄소 경제로, 불평등사회에서 포용사회로"의 변화를 약속했다. 이른바 'K-방역'의 성공을 발판 삼아 기후변화에 적극적으로 대응함으로써 대한민국의 대전환을 이루어내겠다는 비전을 선포한 것이다.

대전환이라는 이름에는 못 미칠지라도 이미 코로나19 이전 같으면 상상할 수 없던 정책이 실시되고, 근본적인 변화를 논의하는 장이 열렸음은 부인하기 어렵다. 우여곡절 끝에 전국민에게 지급된 재난지원금은 가구별 지급이라는 한계에도 불구하고 기본소득이 실현될 수도 있다는 가능성을 보여주었다. 미국 대공황기의 전면적인 사회경제적 개입정책에서 유래한 뉴딜(New Deal)이라는 용어는 다양한 사회주체들 간의 새로운 사회계약 혹은 '새판 짜기'를 의미한다. 디지털뉴딜과 그린뉴딜을 결합한다는 '한국판 뉴딜' 역시 코로나19 위기가 역설적으로 촛불혁명 이후 한국사회의 개혁을 진전시키고 새로운 판을 짤 계기가 될 수 있지 않을까 하는 기대를 불러일으킨다.

하지만 연이어 닥치는 재난을 감당하기도 만만치 않은 마당에

제대로 된 새판 짜기가 쉽지 않으리라는 점을 감안해도, 현재로서
는 한국판 뉴딜이 기후위기가 촉구하는 삶의 근본적인 대전환으로
이어질 전망은 그리 밝지 않다. 우선 한국판 뉴딜을 추진하는 방
법으로 제시된 뉴딜펀드는 16조원 규모의 국민참여형으로 조성되
며, "금융투자시장에 새로운 투자기회와 활력을 제공하고 국민들
께 안정적인 재산증식의 기회를 제공해줄 수 있을 것"[1]임을 표방
하고 있다. 부동산 시장으로 몰리고 있는 시중의 유동자금을 뉴딜
사업 쪽으로 끌어오는 데 유용할 수는 있겠으나, 새로운 성장동력
으로서 디지털 산업과 에너지 벤처를 육성한다면서 정부가 나서서
민간펀드에 대한 소액투자자들의 참여를 독려하는 모양새는 한국
판 뉴딜 자체가 오래된 경제성장 모델에서 크게 벗어나지 않았음
을 짐작하게 한다.[2]

돌봄의 위기 외면하는 '새판 짜기'

한국판 뉴딜에 대한 거센 비판 가운데 하나는 그것이 방역 성공
을 발판으로 삼아 코로나19로 제기된 사회적 과제들을 풀어가겠다
고 천명했음에도, 돌봄 위기에 대해서는 제대로 응답하고 있지 않
다는 사실이다.[3] 한국사회는 낮은 출생률에서 드러나듯이 코로나
19 이전부터 이미 심각한 사회재생산 위기를 겪고 있었거니와 그

핵심은 돌봄의 위기였다. 감염병 확산 우려와 사회적 거리두기 지침에 따른 사회적 돌봄의 실종은 가뜩이나 취약한 돌봄체계에 큰 타격을 입혔다. 어린이집과 유치원이 문을 닫고 초·중·고등학교까지 개학이 연기되었으며, 장애인이나 노인을 대상으로 하는 공공시설 운영이 잇달아 중단됐다. 누군가는 코로나19로 느리고 여유 있는 삶이 가능해졌다고 하지만 당장 돌봐야 할 유아나 아동이나 환자가 있는 가정에서는 혼란의 시작이었다.

페미니스트들은 돌봄의 책임이 가족구성원, 그 가운데서도 여성에게 과도한 부담을 지운다는 사실을 지적하면서 돌봄정책의 근본적인 변화를 촉구했다.[4] 예년에 비해 아동학대나 가정폭력 신고 건수가 줄어들었지만, 이는 학대와 폭력이 줄어서가 아니라 그것이 드러날 기회마저 적어졌기 때문이며 현장에서 체감하기로는 위험에 처한 이들이 늘었다는 보고도 나왔다. 예컨대 아동학대 신고의 무자인 교사 등이 아이들을 만나지 못하면서 상황을 살피기 어려워진 것이다.[5] 가정 내에서 아동을 돌보기 어려운 경우 긴급돌봄이 제공되었다고는 하나, 정부가 취한 유연근무제 및 가족돌봄휴가지원정책은 기본적으로 돌봄의 책임을 가족에게만 지우는 경향을 강화하는 결과를 낳았다. 온라인 수업과 등교수업의 병행 속에서 혼자 있는 초등학생의 수가 두배로 늘었고, 이러한 돌봄의 공백이 학습 격차를 비롯한 여러 문제를 발생시키는 현실[6]은 여성들의 경제활동에 부정적인 영향을 가져왔다. 코로나19 발발 이후 여성고용

률은 남성에 비해 훨씬 더 큰 폭으로 하락했고, 여성 비경제활동 비율은 더 급격하게 증가했다.[7]

K-방역의 경우에도 병상이나 시설 및 인프라 부족, 마스크나 방호복 같은 소모품 부족 못지않게 의료에서의 돌봄 공백이 큰 문제였다. 의료인들은 극심한 인력부족과 장시간 노동에 시달렸는데, 코로나19 사태가 장기화되거나 2차 유행이 올 경우에는 현재와 같은 의료가 불가능할 것이라는 전망도 나왔다.[8] 감염병 위기 상황에서도 중단될 수 없는 필수대면노동을 수행하는 노동자들 가운데는 환자를 치료하고 돌보는 의료인 외에도 요양원과 중증장애인시설 등 집단거주시설의 돌봄노동자, 긴급돌봄교실에서 아이들을 보호하는 교사, 수많은 식당의 노동자, 사회적 거리두기로 인해 늘어나는 상담 업무를 수행하는 콜센터 노동자 등이 있고, 이들은 모두 K-방역의 중요한 축을 담당해왔다. 이러한 필수대면노동의 많은 부분을 낮은 임금과 불안정한 고용에 시달리는 여성노동자들이 담당하고 있으며, 이들이 다시 가족 돌봄의 부담마저 지고 있다는 사실은 방역을 위해서라도 돌봄노동의 가치를 재평가하고 이제까지 묵인되어온 차별과 불평등을 개선해야 한다는 주장의 주된 논거가 된다.[9]

즉 코로나19 사태를 겪는 시민들의 일상에서 돌봄의 위기는 감염의 공포만큼이나 직접적인 재난 경험이었기에 코로나19 이후의 사회를 상상할 때에도 이 문제가 핵심이 될 수밖에 없다.[10] '언택트'가 새로운 '노멀'이며 디지털기술이 감염병 위기의 해결책이기 때문에 새판 짜기에서도 이를 중심에 두어야 한다는 주류적 시각은 돌봄 재난으로 고통받는 사람들의 입장에서는 설득력이 떨어진다. 돌봄을 중심으로 하는 전환을 주장한다고 해서 돌봄노동이 공식 경제체제로 편입되어 다른 노동과 동등한 시장가치로 인정받는 것을 목표로 하지는 않으며,[11] 기존의 성장지상주의 사회가 무너지지 않고 작동할 수 있도록 돌봄을 통해 보조하겠다는 뜻도 아니다. 물론 돌봄노동에 적절한 보상이 이루어지고 그것이 시장에서도 충분한 가치를 인정받는 것은 중요하다. 하지만 코로나19 이후의 사회를 상상할 때 돌봄이 중심이 된다는 것은 단지 기존 체제 내에서 돌봄의 가치를 인정하는 일과는 다르다. 서로 의존하는 존재로서 인간을 바라보는 돌봄 중심의 시각은 그 자체로 성장과 이윤을 지상목표로 삼는 체제와는 양립하기 어렵다. 따라서 돌봄 중심 사회로의 전환이란 성장 자체에서 탈피하자는 주장이며, 어떤 새판을 짤 것인가의 문제가 된다.

페미니스트 탈성장론과 돌봄사회

코로나19 이후 사회전환의 원리로서 돌봄이 부각된 것이 한국만의 현상은 아니다. 최근에 탈성장론 내에서 돌봄을 강조하는 목소리가 높아지고 있다. 탈성장론은 성장지상주의에서 탈피해, 에너지와 물질의 사용을 자발적으로 줄이고 가치를 재조정하며 제도를 바꾸어 인간과 생태계에 대한 해를 줄이는 것을 목표로 한다는 점에서 이미 돌봄과 친연성이 있다.* 여기에 코로나19라는 세계적 감염병의 유행은 탈성장론 내에서 페미니스트 그룹을 중심으로 "돌봄 가득한(care-full) 탈성장"을 내세우는 공동행동이 결성되는 계기가 되었다. '페미니즘들과 탈성장연대'(Feminisms and Degrowth Alliance, FaDA)**와, 『탈성장론』(*The Case for Degrowth*)

---

* 탈성장(degrowth)에 대한 안내서로는 자코모 달리사 외 엮음 『탈성장 개념어 사전』, 강이현 옮김, 그물코 2018 참조. 성장에 대한 비판으로서 탈성장 개념이 처음 등장한 것은 1970년대이다. 당시 급속한 경제성장이 초래한 환경오염과 이에 따른 환경운동의 부상은 성장이라는 당대의 지배 이데올로기이자 삶을 조직하는 지상명제에 대한 비판을 가능하게 했다. 여기서 탈성장은 마이너스 성장을 의미하는 것이 아님에 유의해야 한다. 탈성장은 성장에 대한 일종의 대안으로서 나온 개념이며, 지속 가능한 삶이 어떻게 가능할지를 모색하기 위한 실천이기도 했다. 따라서 탈성장론은 하나의 단일한 담론체계로 볼 수 없으며 성장주의로부터의 탈피라는 목표 아래 여러 이질적인 요소들이 혼재한 복잡한 흐름으로 보아야 한다. 탈성장이 사회운동의 맥락에서 중요해진 건 2000년대 들어서였다. 1999년에 시작한 반(反)자본주의 운동은 미국 및 유럽에서 다양한 대안운동이 형성·확산되는 데 중요한 계기로 작용했다. 한국에서도 성장에 대한 비판은 1970년대 이후 지속적으로 이루어져왔지만, 탈성장 논의가 확산되기 시작한 것은 2008년 경제위기를 겪으면서부터라고 볼 수 있다. 조혜경 「탈성장(degrowth)의 이론적 기초」, 녹색당 정책위원회 '탈성장 세미나' 발제문, 2017.7.27.
** 페미니즘과 탈성장 논의 사이의 대화를 촉진하기 위한 목적으로 결성된 학자·활동가들의 네트워크로, 2016년 부다페스트에서 개최된 제5차 국제 탈성장 컨퍼런스

의 공동집필자인 수전 폴슨(Susan Paulson), 자꼬모 달리사(Giacomo D'Alisa), 페데리꼬 데마리아(Federico Demaria), 히오르고스 깔리스(Giorgos Kallis) 4인[12]은 코로나19를 계기로 지속 가능하고 공정한 미래를 만들기 위해 돌봄소득과 정의로운 전환을 지원하는 정책을 촉구하고 있다. FaDA는 현재의 위기가 건강의 위기인 동시에 자본주의 생산양식의 경제적 위기이며, 더 근본적으로는 돌봄과 생명 재생산의 위기라고 주장한다. 현재 자본주의 사회에서 인간과 비인간, 생물권은 모두 위기에 처해 있고, 코로나19는 역사적 파열의 현장이라는 것이다. 달리사와 깔리스를 비롯한 탈성장론자들은 코로나19라는 도전에 직면하여 무엇보다 먼저 고통받고 있는 가족, 친구, 동료 시민들을 돌보고 마음을 써야 하며, 성장신화에서 벗어나 그 투쟁의 공간 속에서도 살아남고자 하는 이들끼리 서로 챙기고 돌봐야 한다고 주장한다. 우리 모두는 한계와 취약성을 가진 존재이며, 이는 곧 우리가 서로를 돌봐야 하고 돌볼 수 있게 만들어주는 근거라는 이야기다. 이들은 지금의 팬데믹은 그동안의 사회적 기반의 잠식 및 복지 축소 등이 초래한 결과임을 직시해야 한다고도 주장한다. 또한 지금도 '무한한 성장'이라는 끈을 놓지 않고 기후위기를 입증하는 명백한 과학적 증거조차 부정하는 정치인들이 여전히 화석연료 중심의 성장을 지향하면서 경제를 서둘러

에서 시작되었다.

가동시키려고 시도하는 데 분노한다.

　탈성장에 대한 커다란 오해 가운데 하나는 기존 체제 내에서 마이너스 성장이 이루어지는 역성장과 탈성장을 혼동하는 것이다. 이러한 오해는 탈성장이 유럽이나 북미대륙 등의 이미 경제성장을 이룬 나라에서 나오는 담론이며, 빈곤한 나라에는 맞지 않는다는 비판으로 이어지기도 한다. 물론 현재의 탈성장론을 담론적으로 주도하는 것이 주로 서구의 나라들이기는 하다. 하지만 탈성장론은 인도의 급진생태주의나 남미의 부엔 비비르(Buen Vivir), 남아프리카공화국의 우분투(ubuntu)와 같은 포스트 성장주의적 흐름과 깊은 친연성을 가지고 있다는 점에서, 탈성장의 요구를 부유한 나라들만의 전유물이라고 할 수는 결코 없다. 탈성장은 성장률을 기준으로 경제활동을 평가하는 체제 자체와 소비주의에서 벗어나 사회적 연대 속에서 검소한 풍요를 누리는 것을 목표로 한다.*

---

*　세르주 라뚜슈(Serge Latouche)는 "탈성장은 그 자체로 대안은 아니며 대안들의 모태"라고 말한다. "그것은 경제 전체주의의 방탄복을 벗기며 운명의 다양성과 창조의 공간으로 이끄는 인간의 모험이다. 그것은 세상을 단일한 형태로 만들며 문화를 죽이는 원리의 원천이 되는 경제적 인간(homo economicus) 혹은 마르쿠제가 말한 단면적 인간의 패러다임으로부터 벗어나는 일이다. 그러므로 '무성장'사회는 유럽, 아프리카, 혹은 남미나 텍사스, 치아파스나 세네갈, 멕시코에서 다 같은 방식으로 만들어지지는 않을 것이다. 다양성과 복합성을 양성하고 되찾는 것이 중요하다. 탈성장사회 모델의 비법을 손에 쥐고 제안할 수는 없는 일이고, 모든 지속가능한 비생산주의 사회에 대한 근본요소와 구체적인 전환 프로그램을 그릴 수는 있을 것이다." 「지속가능한 사회를 위한 탈성장의 길」(김신양 옮김), 『모심과 살

따라서 코로나19처럼 예기치 않은 재난으로 발생한 성장의 둔화나 경제축소는 탈성장이라 볼 수 없다. 탈성장은 삶의 방향을 바꾸려는 의지와 노력에 수반되는 전환이어야 하며, 그렇기 때문에 이러한 의지와 노력을 이끌어낼 사회운동의 역할이 중요하다. 혹자는 탈성장론이 추구하는 협동, 공유, 돌봄은 모두 뜻깊은 가치실천의 영역이지만 이를 통해 과연 근본적인 전환이 이루어질 수 있을지 의문을 표하기도 한다. 그에 대해 탈성장론자들은 당장의 성취로 이어지지 못한다고 해도 이러한 실천들이 전환을 위한 토대이자 중요한 훈련이 된다고 본다. 존엄성을 해치지 않는 노동, 형평성 있는 관계, 연대에 기초한 공동체, 자연에 대한 존중, 공생의 가치 등은 이를 실천해나가는 과정 자체로서도 의미가 있으며, 과정을 생략한 성취는 있기 어렵다고 보기 때문이다.

불평등·부정의로 가득한 세계에서 누구라도 보호받지 못하는 이들이 있다면 전체가 위태로워질 수 있다는 사실을 코로나19 위기는 보여준다. 따라서 돌봄의 의미가 더욱 중요해지고 다양한 종류의 새로운 연대와 자발적인 부조들 또한 절실히 요구된다. 공동체의 건강을 지키기 위해서는 불편을 감수하고 고통을 분담할 수 있는 시민들의 자발적인 희생과 노력이 필요하다. 의료계 노동자들과 돌봄노동자들이 감염 위험을 무릅쓰고 헌신적으로 수행하는

림』 2015년 겨울호.

노동 없이는 방역이 지속될 수 없듯이 감염병의 대유행 속에서도 그나마 일상이 유지되는 것은 앉아서 기다리기보다 취약한 부분을 먼저 찾아서 돌보는 사람들 덕분이다.

물론 페미니스트 탈성장론자들도 개인들의 자발성만으로는 '돌봄 가득한 사회'가 이룩될 수 없음을 알고 있다. 한국의 부동산 문제를 둘러싼 갈등이 드러낸 것처럼 주거와 같은 삶의 기본조건이 시장에 맡겨질 때, 공생의 낙관은 위협을 받는다. 그러므로 돌봄이 원리가 되는 사회를 이루기 위해서는 시민적 연대를 촉진하고 강화시켜줄 급진적인 정책들이 필요하다. 우리는 이미 코로나19 사태 속에서 그전에는 현실성 없다고 여겨져온 새로운 정책들이 도입되고 실행되는 경우를 목격 중이기도 하다. 그런 만큼 이러한 정책들에 더 적극적으로 의미를 부여하고 사례들을 공유하려는 움직임이 필요하다. 현재 유럽과 미국에서는 노동시간 단축, 일자리 나누기 정책과 함께 다양한 종류의 기본소득이 논의되고 있는데, 코로나19로 재난소득과 실업 혹은 상병(傷病) 수당이 지급되면서 보편기본소득 논의가 힘을 받고 있다. 무엇보다 긍정적인 것은 정부 예산으로 국민들의 삶을 직접적으로 지원하는 지출이 증가하는 데 대한 대중의 거부감이 줄었다는 것이다. 한국에서도 현재 미국에서 도입이 논의되고 있는 '억만장자세'*와 같이 다양한 방식으로

---

* 예컨대 버니 샌더스(Bernie Sanders) 등 민주당 상원의원 3인은 '억만장자들이 부

보편기본소득의 재원을 조달하는 것도 논의해봄직하다. 나아가 기본소득 지급을 밑거름 삼아 필수노동을 중심으로 사회 전체를 재배치할 수 있을 것이다. 그런데 사실 재원 조달보다 더 큰 걸림돌은 현재 경제체제하에서는 시장에서의 행위가 중지·교란되면 다른 모든 영역이 타격을 받거나 심지어 체제가 붕괴될 수도 있으며, 이 경우 가장 큰 고통을 겪는 것은 사회적 약자들일 수밖에 없다는 점이다.

그러나 탈성장론자들은 현재의 자본주의 경제체제가 지속되는 한 재난 상황이 아니더라도 시장의 불안에 따라 언제든 급격한 위기 상황이 닥칠 수 있다는 점을 지적한다. 따라서 앞으로 기후위기와 감염병 상황에서 더욱 잦아질 것으로 예측되는 재난들에 탄력적으로 대응할 수 있는 사회를 만들기 위해서라도 성장 위주의 시장의존경제 비중을 줄이되 그 과정에서 희생을 최소화하기 위한 조처들이 필요하다고 본다. 즉 장기적으로 산업구조를 바꿀 수 있도록 개입하면서 축소 대상이 되는 분야에서 일하는 노동자들이 전환 과정에서도 생계를 유지할 수 있도록 방법을 마련해야 한다. 가령 화석연료에 의존하는 탄광, 자동차, 항공 등의 산업에 대한 공

담하게 하라'는 제목의 법안을 발의하여, 억만장자들을 대상으로 코로나19 기간 동안 늘어난 재산 중 60%를 세금으로 걷자는 방안을 제시했다. 「코로나로 865조 원 불린 미 억만장자들 … 2008년 닮은 꼴 재산 증식」, 한겨레 2020.8.16.

공지원을 줄이는 한편으로 지원이 이루어지는 경우에는 해고를 어렵게 하는 조건을 걸 필요가 있다. '정의로운 전환'이라고 부르는 이 과정에서 원칙이 되어야 할 것은 연대, 필요충족, 돌봄의 원리다. 이를 실현하는 구체적인 방법 중 하나로 탈성장론자들은 세금을 현재와 같이 소득에 부과할 게 아니라 오염과 불평등에 대해 부과되는 것으로 바꾸어야 한다고 주장한다. 온실가스 배출과 물·공기 오염, 자원 채굴, 극단적인 고소득과 부의 축적 등에 과세하는 것은 이들이 주장하는 개혁의 중요한 일부다.

코로나19로 보편기본소득 관련 논의가 널리 알려진 상황에서 페미니스트 탈성장론의 주장이 다소 일반적으로 들릴 수도 있다. 그럼에도 이 주장에 특별한 점이 있다면, 각 가구 및 공동체의 복지와 삶을 유지하기 위해 수행되는 비임금노동과 젠더화된 돌봄노동의 가치에 대한 인정이 선행되어야 한다고 강조하는 것이다. 이들은 우리 자신과 타인들, 그리고 주변과 환경을 돌보기 위한 사람들의 능력에 공통의 부를 투자함으로써 연대와 형평성을 강화하고자 하며 이를 위한 수단으로 돌봄소득을 도입할 것을 주장한다. 복합재난이 일상화된 시대일수록 다른 무엇보다 삶의 기본이 중요하며, 오늘날 경제 여러 분야에서 탈성장을 진전시키는 것과 돌봄에 필요한 기반시설을 확보 및 개선하는 것은 함께 이루어져야 할 일이다. '돌봄 가득한 사회'를 위해서는 삶의 기본적인 필요에 응답하는 방식으로 경제를 재구조화하며, 가정을 단순히 비생산적인 소비의 공간으로 보는 것이 아니라 삶의 생산 및 재생산이 이루어지는 장소로서 적극적으로 의미를 부여할 필요도 있다. 또한 환경의 재생을 돕고, 각기 다른 강점과 취약성을 가진 존재들 사이의 연대에 기반을 둔 필요충족경제를 활성화해야 한다. 이를 위해 페미니스트 탈성장론자들은 돌봄노동에 대한 재평가를 가능하게 하는 방편이자 돌봄경제로의 이행을 위한 수단으로서 보편돌봄소득을 요구하는 것이다.[13]

돌봄민주주의와 돌봄뉴딜을 넘어서

코로나19 이후 한국에서 부상하는 돌봄 중심 사회로의 전환 논의는 이제까지 제대로 인정받지 못했던 돌봄과 재생산 노동에 대한 재평가 없이는 근본적인 사회변화가 불가능함을 역설한다는 점에서 페미니스트 탈성장 논의와 통하는 바가 있다. 김현미는 "재난이 발생할 때마다 우리가 확인하는 진실은 인간이란 돌봄과 가치를 추구하는 존재이고, 개인의 희생이 아닌 협력적 공공의 개입을 통해 돌봄이 이뤄질 때 가장 공평하다는 것이다. 문제는 생명과 생태계를 돌보는 노동의 가치가 여전히 다른 노동에 비해 저평가되고, 이런 노동을 여성이나 이주자의 일로 본질화한다는 점이다"라고 지적하면서 "포스트 코로나의 대안적 사회 구성은 이제까지 들리지 않았던 여성과 소수자의 목소리를 담아냄으로써만 가능하다. 이들의 경험과 희망이 직업의 재설계와 대안적 사회기획에 반영될 때, 인간과 동료 종의 공존, 인간 사이의 평등에 다가갈 수 있다"라고 주장한다.[14]

이렇게 돌봄노동의 가치를 재평가하라는 요구는 돌봄의 책임을 민주주의적으로 분배하자는 돌봄민주주의[*]나 '돌봄뉴딜'에 대한 요구[15]로 표출된다. 배진경은 어떤 상황에서도 멈출 수 없는, 감염의 위험에도 불구하고 이루어질 수밖에 없는 돌봄노동이 불안정한 지위와 낮은 처우에 시달리는 여성노동자들에게 떠맡겨지는 현실을 지적하면서 "가치로서의 돌봄, 시스템으로서의 강화된 돌봄공공성, 그리고 성평등"을 중심으로 한 '돌봄뉴딜'을 요청한다.[16] 신경아는 "팬데믹 시대의 최전선에서 싸우는 사람들"인 여성노동자들을 인정하고, 이를 토대로 여성노동자의 경제적 조건을 개선

---

[*] 돌봄민주주의 개념에 대해서는 조안 C. 트론토 『돌봄 민주주의』, 김희강·나상원 옮김, 아포리아 2014 참조. 트론토(Joan C. Tronto)는 돌봄을 '가능한 한 세상에서 잘 살 수 있도록 우리의 세상을 바로잡고 지속시키고 유지시키기 위해 우리가 하는 모든 것을 포함하는 종(種)의 활동'으로 정의한다. 그는 이제까지 성별화된 형태로 수행되어온 돌봄노동이 많은 무임승차자를 양산했음을 지적하면서 돌봄의 민주주의는 시민들이 '함께 돌봄'(caring with), 즉 정의·평등·자유에 대한 돌봄의 민주적 기여로 나아갈 필요가 있다고 주장한다. 이러한 돌봄민주주의 개념을 문학비평에 활용한 최근의 글로는 신샛별 「불평등 서사의 정치적 효능감, 그리고 '돌봄 민주주의'를 향하여」, 『창작과비평』 2020년 여름호 참조.

해야 하며, 차별적 관행을 폐지하고 성별임금 격차를 줄일 것을 요구한다.[17] 김현미 역시 "환경, 보건의료와 교육 분야는 삶의 질도 높이고 양질의 일자리를 만들어낼 수 있다. 예를 들어 의료진, 보건의료행정, 요양, 간병, 위생 등을 모두 포괄하는 공공보건의료 시스템의 설계, 공교육·사교육과 탈제도화된 교육을 연결하는 시공간적 통합 교육 시스템의 구성을 통해 여성의 일자리를 전문화·안정화하는 동시에 성별 분업을 해체할 수 있다"[18]라고 하면서 코로나19에 대한 대비를 성별 분업 해체와 여성 일자리의 문제로 연결한다.

한국의 성차별적인 노동시장과 돌봄노동자의 현실을 고려할 때 돌봄의 성평등한 나눔과 여성노동자의 지위 향상은 반드시 필요한 일이다.[19] 또한 개개인뿐 아니라 사회가 지속되기 위해서 반드시 필요한 '그림자노동'을 누가 수행하는가는 민주주의의 문제로서도 핵심적이다.[20] 더구나 정부 주도의 '한국판 뉴딜'은 물론 탈성장의 전망에 입각하여 생태적·사회적 대전환을 제기하면서도 돌봄의 문제를 도외시하곤 하는 한국의 담론 현실에서,[21] 코로나19 이후 사회의 전망에 돌봄의 민주화가 빠져서는 안 된다고 요구하는 페미니스트들의 목소리는 더없이 소중하다. 그럼에도 지금의 돌봄 민주주의나 돌봄뉴딜 논의에서 아쉬운 점은 코로나19의 원인을 기후변화와 생태계 파괴, 자원에 대한 약탈 및 착취로 진단하면서도 과연 현재의 자본주의 생산체제하에서 돌봄민주주의가 실현되고 돌봄에 대한 가치평가가 제대로 이루어질 수 있는가를 질문하지 않는다는 점이다. 즉 여성 일자리의 중요성이나 성별 분업의 해체 필요성을 결론으로 한정지으면서 돌봄의 민주화가 어떻게 체제전환 및 생태적 대전환으로 이어질 수 있을지에 대해서는 깊이 다루지 않는 경우가 종종 있는 것이다.

대안적인 삶을 주장하면서 돌봄의 문제를 이야기하지 않을 수 없는 것과 마찬가지로, 돌봄의 민주화를 실현하기 위해서는 현 자본주의체제와 성장주의의 한계에 대해서 더 적극적으로 사유하고 개입해야 한다. 또한 돌봄노동을 사고하는 방식에서도 그간 여성운동이 익숙하게 상정해온 범위에서 벗어날 필요가 있다. 자본주의 사회에서 드러나지 않고 평가받지 못한 돌봄노동 영역은 가사노동이나 사람 돌봄노동에 국한되지 않는다. 최근 들어서는 생산과 소비에 포함되지 않는 설비 및 시설의 유지·수리·정비 작업 등의 노동도 돌봄노동으로서 주목해야 한다는 목소리에 힘이 실리고 있다. 노동자가 계속해서 일할 수 있도록 먹이고 재우고 다독여서 다음날 일터로 내보내는 돌봄노동과 마찬가지로 생산설비가 계속해서 작동할 수 있도록 보수하고 정비하는 노동 역시 자본주의 생산체제가 지속되는 데 반드시 필요하지만 그림자노동 취급을 받아왔기 때문이다.[22] 더구나 김용균씨 사망사건에서 드러났듯, 보수 및 정비 노동이 압도적으로 비정규직에게 맡겨져 사고가 빈발하는 상황에서 그간 이윤과 밀접하지 못하다고 그 가치를 인정받지 못했던 노동들을 돌봄노동으로 자리매김할 필요가 있다. 개발의 파괴로부터 자연생태계를 지키고 돌보는 노동 역시 돌봄노동의 중요한 일부분이다. 이러한 돌봄노동 개념의 의도적 확장은 돌봄에 대한 인식을 성장주의에 저항하는 가치로서 확립하는 데 도움이 될 뿐 아니라, 돌봄의 민주화를 위한 운동에서도 새로운 연대를 가능하게 할 것이다. 사실 지금 우리가 처한 돌봄의 위기는 주로 여성들이 돌봄을 떠맡고 있다는 '책임 분배의 위기'이기도 하지만, 돌봄의 의미가 특정 노동 영역으로 축소되어버렸다는 '의미의 위기'이기도 하다. 돌봄의 민주화가 대전환의 중요한 의제로서 제대로 힘을 얻고 구체화되기 위해서는 돌봄의 다양한 측면을 실행하는 세력들 간의 연대가 필요하다.

기후위기 시대의 돌봄은 인간과 비인간이 함께 어울려 살아가는 이 세계에 대한 책임을 인지하고 그 책임에 합당한 크고 작은 실천까지 감당하는 일이어야 하며, 따라서 누구도 면제될 수 없는 일이다. 즉 돌봄이 중심이 되는 사회란 인간이 세계 속에서 존재하며 관계 맺고 살아가는 방식 자체의 변화를 요구하는 것이다. 이때 변화란 대전환의 일부가 아니라 그 자체가 대전환이다.

코로나19 위기, 재난 자본주의로의 퇴행인가, 생태사회 전환의 기회인가?

김현우

* 이 글은 『진보평론』 제84호(2020년 여름)에 게재된
「코로나19 위기, 재난 자본주의로의 퇴행인가, 생태사회 전환의 기회인가?」를
수정·보완한 것이다.

2020년 연초부터 이어지고 있는 코로나19 사태는 한국뿐 아니라 세계의 시민들에게 커다란 고통과 더불어 '비일상'이라는 특별한 경험도 안겨주고 있다. 그런데 이러한 경험의 현상과 감각은 일시적이거나 개인적인 것이 아닐뿐더러 앞으로 다가올 '기후위기' 상황에 대한 좀더 보편적인 체험의 맛보기일 수 있으며, 우리의 삶과 교류 방식에 관한 더 많은 시사점을 끌어내는 논의의 바탕이 될 수도 있다.

코로나바이러스 자체가 기후변화 때문에 발생하거나 전파되었다고 주장하기는 어렵지만, 새로운 감염병의 출현과 확산이 기후변화와 깊은 관련이 있다는 분석은 다각도로 이루어지고 있다. 그 첫번째 기제는 인간이 세계 곳곳에서 초래한 생태계 파괴와 지구온난화가 인수공통 전염병의 매개가 될 수 있는 야생동물의 서식지를 박탈하여 이들이 인간의 생활권으로 내려와서 인간과 접촉하는 경우가 많아진다는 것이다. 최근 유행병의 매개로 많이 거론되는 박쥐나 천산갑 같은 생물 종 또는 그들을 식용하는 관습이 문제가 아니라는 것이다. 조류독감이나 구제역 같은 질병도 실은 오래전부터 있어왔고, 인간이 가족과 마을공동체의 필요를 넘어서는 대량사육과 대량유통을 하기 전에는 큰 위협 요인이 되지 않았다. 물론 이렇게 세계화된 생산과 교류의 양식은 자본의 축적과 확대의 동학으로 인해 더욱 진전되었고, 눈에 보이지 않는 병원체의 확산을 포함하는 이면의 부작용은 어떤 정부나 자본가도 완전히 통제할 수 없다는 속성을 갖는다.

기후변화와 더욱 직접적인 관련이 있는 기제는 영구동토층의 해빙이다. 극지방의 얼음이 녹으면서 빙하 속에 오래도록 잠들어 있던 우리가 알지 못하는 바이러스가 활동을 시작하면 면역력을 갖지 못한 생물 종은 무방비로 이런 병원체와 만나게 된다. 또한 세계의 특정 지역에만 국한되었던 풍토병들이 기후변화로 활동 무대를 넓힐 수 있다. 전반적인 기온 상승과 습도 상승이 병원균이 생존하고 증식하는 데 유리한 환경을 조성할 수 있고, 반면에 기후조건 악화로 건강 상태가 나빠진 사람과 가축들에게는 더 치명적으로 작용할 가능성도 있다. 결국 기후변화는 그전과는 다른 감염병 발병과 확산 기제를 작동시키면서 더 빈번하고 더 큰 질병 유행을 예고하게 만들고 있다.

하지만 여기서 한가지 유의해야 할 것이 있는데, 코로나바이러스 위기 확산과 기후위기 격화에는 중요한 차이가 있다는 점이다. 왜냐하면 바이러스는 변이를 일으키고 확산하며 각국의 대응에 따라 변동폭을 갖지만 어떤 '티핑 포인트'(tipping point)가 있는 것은 아니다. 그러나 지구는 산업혁명 이후 1.5도 또는 그 이상 온도가 상승할 경우 더이상 회복될 수 없는 '핫 하우스'(hot house) 상태로 치달으며 상당한 시간 동안 되돌아올 수 없는 경로에 진입할 것으로 예상된다. 이런 상태가 되면 지구온난화에 대해서는 어떤 백신이나 치료제도 존재할 수 없고, 코호트 격리 따위도 가능하지 않게 된다. 유일하게 가능한 것이라면 소수의 인간들이 '설국열차'에 오르거나 「마션」이나 「인터스텔라」의 장면처럼 인간이 생존 가능한 다른 행성을 찾아나서는 모습일 텐데, 이 역시 모든 계급에게 열려 있는 선택지는 아닐 테다.

이처럼 코로나19 위기는 기후위기라는 생태적 위기와 깊은 관련을 가지면서, 나아가 우리의 경제체제와 문명에 대해 한층 많은 논점을 던져준다. 두 위기의 관련성을 몇가지 측면에서 더 깊이 살펴보고자 한다. 하나는 코로나19 위기와 기후위기 상황이 갖는 유사성이다. 또 하나는 코로나19로 인한 경제위축과 온실가스 배출 감소의 영향에 관한 것이다. 마지막으로는 코로나19 위기의 대응과 기후위기 대응의 정책 또는 정치 사이의 관계에 관한 것이다.

뉴노멀 또는 정상성의 종말

앞서 언급한 영화 「인터스텔라」의 처음 부분에는 인상적인 두 장면이 나온다. 하나는 자동차로 달려도 달려도 지평선 너머 끝없이 펼쳐지는 옥수수밭의 풍경이다. 기후변화로 인한 가뭄과 병충해 때문에 북미에서 더이상 밀 경작을 하기 어려워지자 주식이 옥수수로 바뀐 탓이다. 다른 하나는 동네 야구처럼 진행되던 메이저리그 월드시리즈 경기가 갑자기 불어닥친 모래폭풍 때문에 중단되는 장면이다. 기후변화 때문에 야외 스포츠 같은 행사와 오락이 예전처럼 가능하지 않다는 점을 알려주는 모습이다.

이런 장면들은 코로나19 위기의 상황과 상당히 비슷함을 짐작할 수 있다. 정상적인 출근과 등교를 하지 못하게 되자 급식을 위해 준비한 식재료를 출하하기 어려워진 농어민들이 당장에 타격을 입은 것은 물론이려니와, 농촌의 노동력을 담당하던 이주노동자들의 출입국이 불가능해지고 주요 식량 수출국들의 사정도 어려워지면서 장기적인 식량 수급 안정을 보장하기도 어렵게 되었다. 우리가 슈퍼마켓과 마트에 가면 언제든지 살 수 있는 빵과 라면이 그 자리에 없을 수도 있는 상황이 감염병 위기와 기후위기의 공통된 모습이다. 프로스포츠뿐 아니라 생활체육활동도 지장을 받게 되고, 보건의료서비스를 포함한 사회서비스의 원활한 제공이 교란될 수 있는 상황이 바로 이런 위기의 모습이다. 따라서 코로나19 위기를 통해 사람들이 공감하게 된 '뉴노멀' 또는 '정상성의 종말' 상황은 이전과 같은 경제활동과 사회적 교류 활동이 어려워지는 기후위기의 실제 상황을 얼핏 보여주는 것일 수 있다.

더욱이 코로나19는 일정한 고비를 넘기면, 즉 백신이나 치료제 개발이 성공하거나 생물학적인 집단 면역력이 어느정도 확보되면 어떻게든 일상의 회복을 기대할 수 있지만, 티핑 포인트를 넘어선 기후변화는 아마도 수십년 이상 격심하게 증폭되며 평범한 사람들의 일상을 더욱 힘들게 만들 것이다. 해수면 상승과 가뭄 같은 기후변화 현상으로 인해 이미 태평양 섬나라와 아프리카 또는 중동의 나라들이 겪고 있는 새로운 일상의 모습은 이러한 예측이 과장이 아님을 보여준다. 그런 기후위기의 뉴노멀이 서울의 종로거리와 뉴욕의 월스트리트에도 예외가 아니게 다가올 것이라는 의미다.

게다가 바이러스가 확산하는 속도와 온실가스 농도 증가가 유발하는 기온 상승은 둘 다 그래프 곡선의 양상이 기하급수적이지만 상황의 초기에 있는 사람들은 단지 선형적인 증가의 한가운데에 있는 것으로만 여기기 쉽다는 점도 유사하다. 인간의 시야는 인간이 유발하는 엄청나게 큰 변화를 인식하는 데조차 극히 제한적이다.

코로나19 위기와 온실가스 배출

코로나19 위기로 인해 제조업, 유통업, 관광업 등 사업들이 위축되면서 생산활동과 에너지 소비가 급감하고 있으며, 이에 따라 온실가스 배출도 줄어들고 있다는 점도 관심을 모은다. 예를 들어 코로나19 위기를 가장 처음 겪었고 세계 1위의 온실가스 배출국이기도 한 중국의 경우, 우한에서 확진자가 급증한 지난 3월 3일부터 16일 사이의 이산화탄소 배출량이 전년 대비 25% 정도 줄었다. 배출량으로는 1억 톤 정도가 줄어든 것이며, 이는 전세계 배출량의 6%에 해당한다.

국제에너지기구(IEA)가 코로나19 확산이 주요 에너지원에 미치는 영향을 분석한 「2020 세계에너지리뷰」(Global Energy Review 2020)에 따르면, 2020년의 세계 에너지 수요도 전년 대비 6% 감소할 것으로 전망됐다. 이는 2008년 글로벌 금융위기보다 세계 에너지 수요에 일곱배 이상 큰 영향을 미치는 규모다. 구체적으로 보면 이동과 산업 생산이 감소하면서 원유와 석탄 수요 모두 크게 감소하며, 세계 전력 수요가 5%, 일부 지역에서는 10%까지 줄어들면서 핵발전 수요는 줄어들 전망인 반면에 발전단가가 낮고 다수의 전력 계통에서 급전 우선권을 가진 재생가능에너지에 대한 수요는 증가할 것으로 전망됐다. 이에 따라 2020년 세계 이산화탄소 배출

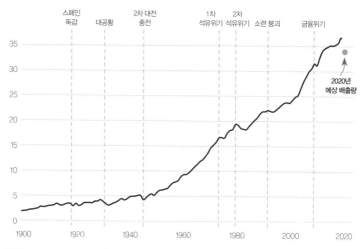

[그림 1] 1900년 이후 세계 CO2 배출량 추이(단위: 10억 톤)

* 출처: Matt McGrath, "Climate change and coronavirus: Five charts about the biggest carbon crash," *BBC*, 2020.5.5.

은 전년 대비 8%(약 26억 톤) 감소해 10년 전의 수준과 같아질 전망이다.

하지만 IEA는 과거 사례를 고려할 때 경제활동 재개를 위한 투자가 더 청정하고 더 탄력적인 성격의 에너지 인프라에 집중되지 않는 한 이산화탄소 배출은 위기 이후에 더 크게 반등할 수 있다고 내다보고 있다. 그림 1에서 보듯 온실가스 배출 감소와 반등이 되풀이되는 경향은 역사적으로 볼 때도 뚜렷하다. 백여년 전에 스페인독감으로 수백만명이 사망한 이후, 대공황 이후, 2차 대전 이후, 그리고 1·2차 석유위기 직후에도 석유, 가스 및 석탄 사용이 급

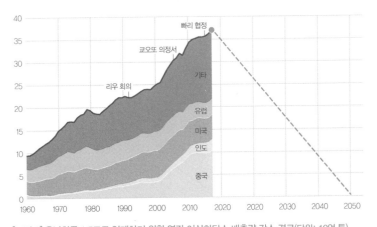

[그림 2] 온난화를 1.5도로 억제하기 위한 연간 이산화탄소 배출량 감소 경로(단위: 10억 톤)

* 출처: https://www.reddit.com/r/dataisbeautiful/comments/ca5bku/oc_global_carbon_emissions_compared_to_ipcc/

증하면서 전세계 이산화탄소 배출량은 다시 증가했다. 이러한 경향은 소련 붕괴와 2008년 금융위기 이후에도 반복되었다. 한국도 IMF 구제금융 요청 직후인 1998년에 전년 대비 경제성장률이 -5.1%를 기록하며 온실가스 배출량도 14% 줄었다가 이내 급격한 증가세로 돌아섰던 기록이 있다.

그러나 빠리 협정과 이후 국제 기후체제 대응의 근거가 되는 IPCC(기후변화에 관한 정부 간 협의체)의 최근 보고서들은 지구의 평균 온도 상승폭을 1.5도로 억제하기 위해서는 지금부터 '배출 정점'을 찍고 매우 급격히 온실가스 배출량을 줄여서 2050년에는 '배출 제로' 상태에 도달해야 함을 보여준다. 이를 위해서는 특히 중국과 미국 등 주요 다배출국에서 뚜렷한 배출 감소 추세를 보여야 한다.

코로나19로 인한 지금의 온실가스 배출 감소는 온실가스 배출 정점을 의미하거나 빠리 협정의 약속을 지키기 위한 구조적인 사회적·경제적 변화에 대한 리허설이라기보다는 일시적이고 우연적인 것으로 보아야 한다는 지적이 많다. 그러나 적어도 현재의 감소세가 어떤 산업과 이동 활동은 필수적이지만 필수적이지 않은 활동도 있다는 것, 그리고 어떤 부문이나 방법에서 온실가스 배출을 효과적으로 줄일 수 있다는 점을 파악하는 중요한 계기인 것만은 사실이다. 또한 전국가적인 수준의, 그리고 세계적인 규모의 재원과 자원 이용 변화를 포함하는 패키지 정책이 적용될 수 있다는 것도 알 수 있다. 이는 앞으로 국가적 또는 세계적 범위의 급격한 온실가스 배출 감축의 시나리오를 작성하거나 정책을 시행할 때 상당한 도움이 되는 데이터를 제공할 수 있다.

코로나19로 후퇴하는 기후정책

코로나19로 기후대응 정책이 더욱 전면화될 수는 없을까? 예를 들어 중국 정부가 코로나19로 인한 경기위축을 오히려 경제와 사회의 녹색전환 계기로 삼아서 전당적·전국가적 노력을 경주하게 된다면 어떻게 될지 상상해볼 수는 없을까? 우리는 중국 정부가 우한에 그야말로 빛의 속도로 임시 병원을 건립하는 모습을 놀라움을 가지고 지켜보았다. 중국이 그러한 역량으로 재생가능에너지와 대중교통 확충에 나선다면 그 물량 규모와 파급력은 엄청날 것이다. 이미 중국은 태양광과 풍력발전 보급 속도가 세계 1위이며 스스로의 미래를 위해 온실가스 감축과 미세먼지 저감 의지를 가지고 있는 나라이기도 하다. 트럼프가 당선되고 나서 미국이 빠리 협정 탈퇴를 선언하고 국제 기후체제를 무시하는 가운데 최근 중국과 미국의 경쟁 관계가 격화되고 있는 것을 감안할 때, 중국이 그러한 행보를 보인다면 국제사회에서의 발언권도 크게 키울 수 있을 것이다. 그래서 세계 기후체제의 균형추가 중국이 주도하는 온실가스 감축 경주로 기울어진다면, 우리는 역설적이게도 코로나19 덕분에 탄소 배출 제로라는 과제 달성에 다가가게 될지 모른다.

물론 이것은 하나의 공상일 뿐이다. 코로나19가 단기적으로도 온실가스 배출을 줄이고 중장기적으로 기후 회복력을 보장하는 구조적 전환을 추구할 가능성을 제공하기는 하지만, 오히려 코로나19 위기 이후 각국에서 녹색경제와 에너지전환 정책이 희석되는 경향도 보이고 있다. 특히 세계적으로 기후대응 정책과 빠리 협정 이행을 이끌어온 유럽 주요국들에서 녹색경제와 에너지전환 정책에 대한 논의가 사라졌으며, 2050년까지 유럽을 최초의 탄소중립 대륙으로 만들겠다는 유럽연합의 목표도 무산될지 모른다는 우려가 제기되고 있다. 유럽연합이 기후변화에 대응하기 위해 의욕적으로 추진한 '그린딜' 정책의 미래가 불투명하다는 것이다. 실제로 2020년 11월 영국 글래스고우에서 개최될 예정이었던 제26차 UN 기후변화 당사국총회(COP26)도 1년 연기되었다.

앞서 살펴보았듯이 코로나19 위기 이후의 경제위기, 그보다 더 크고 광범할 기후위기의 규모와 양상을 고려할 때 바이러스에 대한 대응과 지구온난화에 대한 대응은 서로 연결되어 있고 또 연결되어야 한다. 코로나19 위기는 기후위기 해결에도 중요한 실마리를 제공한다. 중국과 한국, 그리고 세계 곳곳에서 불필요한 산업 생산을 줄이고 이동을 자제하는 사회적 멈춤과 여유가 가능하며 그것이 온실가스 배출을 급격히 줄일 수 있다는 것이 입증되었다. 또한 코로나19 위기의 장면들은 다가오는 기후위기의 모습을 간접 체험하게 해주고 있다. 위기를 견디고 해결하기 위해서는 전국가적인 자원 동원과 조율, 그리고 국민들의 협력이 필요조건이라는 것도 알게 되었다.

그러나 이러한 논리가 현실정치에서 그대로 긍정적으로 작동하는 것은 아니다. 말하자면 이러한 위기는 오히려 '재난 자본주의'를 재연하거나 강화하는 것으로 귀결될 수도 있다. '재난 자본주의'는 네이오미 클라인(Naomi Klein)이 『쇼크 독트린』(*The Shock Doctrine*, 한국어판 김소희 옮김, 살림Biz 2008)에서 허리케인 카트리나 이후에 벌어진 일을 묘사하면서 언급한 개념이다. 재난을 틈타서 헤리티지재단 같은 워싱턴의 싱크탱크들이 모여서 더욱 친시장적인 해법을 만들고 강제한 것을 의미한다. 시민들이 재난의 충격과 혼란에 빠져 있는 동안 자본과 국가에 의해 공공부문이 민영화되거나 규제 완화가 이루어지고, 재난 극복을 위해 일시적으로 도입된 예외적 조치가 영구화되어버리는 것이다. 클라인 등 비판적 지식인들은 코로나19 이후 대자본이 더욱 자신들에 유리하게 기울어진 운동장에서 경주할 것을 요구하는 '재난 자본주의'가 펼쳐질 수 있다고 우려하고 있다.

코로나19 대응에서 기후위기 대응으로

기후변화 현상과 그 위중함을 인정하더라도, 기후위기를 바라보고 그에 대응하는 정치적 입장은 여러 방향으로 귀결될 수 있다. 첫째는 '파국론'으로, 이미 기후위기는 돌이킬 수 없는 단계까지 왔으며 어떤 유의미한 대응도 가능하지 않다는 것이다. 둘째는 '방어적 기회론'으로, 현 체제와 문화를 불가피한 것으로 전제하고 윈-윈의 해법을 모색한다. 이는 이기적 인간에게 가능한 통로는 시장원리뿐이므로 기후위기도 시장을 통해 해결할 수 있으며 기술의 녹색화가 이를 뒷받침한다는 '생태적 근대화론'의 연장선상에 있다. 셋째는 '비판적 기회론'으로, 기후변화와 생태위기를 근대사회가 안고 있는 근본적 문제를 해결하는 계기로 간주하는 입장이다. 따라서 탈탄소, 탈화석연료, 탈자본주의가 이루어지지 않고서는 위기를 탈출할 수 없음을 주장한다. 더욱 심각한 재난에서 빠져나오기 위해 신속히 해결되어야 하는 거대한 지구적 문제라는 사실 자체가, 기후변화가 매우 실제적이고 합리적이며 긴급하게 반자본주의적 대안들을 논의할 예외적 기회를 제공한다는 것을 의미한다. 따라서 기후위기는 새로운 자본축적의 기회가 될 수도 있고, 전면적 체제전환의 계기가 될 수도 있다.[1]

지난 4월 28일 안또니우 구떼흐스(António Guterres) UN 사무총장은 코로나19 같은 감염병과 기후파괴의 실존적 위협에 동시에 맞서야 할 뿐 아니라, 감염병 피해의 복구가 기후변화를 해결하고 환경을 보호하며 생물 다양성 손실을 되돌리고 인류의 장기적인 건강과 안보를 보장할 수 있는 진지한 기회가 될 수 있다고 언급했다. 이는 국제 기후체제의 핵심적 인사들조차 기후위기에 대한 비판적 기회론의 입장을 상당히 공유하고 있음을 보여준다. 그는 이와 관련하여 각국이 취할 수 있는 여섯가지 기후 조치를 제안했다.[2]

1. 경제의 모든 측면에서 탈탄소화에 박차를 가하면서 녹색의 정의로운 전환을 통해 새로운 일자리와 비즈니스를 제공할 것
2. 국민의 세금으로 기업을 구제할 때는 녹색 일자리를 만들고 포용적 성장을 추구할 것

3. 사회를 보다 회복력 있게 만들도록 공공자금을 사용하여 회색
   경제를 녹색경제로 전환시킬 것
4. 환경과 기후에 도움이 되는 프로젝트에 공공자금을 투자할 것
5. 글로벌 금융 시스템이 정책과 인프라를 형성하도록 움직임에
   따라 자국 경제에 대한 위험과 기회를 고려할 것
6. 코로나19와 기후변화에 맞서기 위해 국제사회의 일원으로서
   협력할 것

최근 조지프 스티글리츠(Joseph E. Stiglitz)와 니컬러스 스턴
(Nicholas Stern) 등이 작성하여 발표한 논문도 '그린뉴딜' 같은 친
환경정책이 코로나19 위기의 경제회복 패키지로서 기후변화에 적
극적으로 대응하면서도 전통적인 경기부양책보다 더 많은 일자리
를 만들어내고, 단기적으로는 경제적이며, 장기적으로 비용도 절
감할 수 있다고 보고 있다.[3] 이러한 논의들은 생태적 비용을 시장
가치로 환산하여 현실에 적용 가능한 최적의 모델을 만들고자 하
는 환경경제학 또는 넓게 보아 생태적 근대화론의 조망 속에 있는
것이기는 하지만, 코로나19 위기 대응이 기후위기 대응의 구체적
인 정책으로 연결될 수 있는 한 연결 고리를 보여준다.

2018년 말부터 미국과 영국을 중심으로 급물살을 타고 있는 '그
린뉴딜'은 기후위기와 경제적 양극화가 동일한 원인, 즉 현 경제
시스템의 실패로부터 유래한다는 인식에서 출발하여 이 두 문제의

해결을 위해서는 국지적·기술적 대책이 아닌 사회, 경제, 정치의 영역을 포함하는 포괄적 패러다임의 전환이 필요하다는 문제의식을 대변하고 있다.[4]

미국의 경우 경제 및 사회 불평등이 심화되는 맥락에서 2016년 대선 민주당 경선에 참여했던 버니 샌더스가 돌풍을 일으켰고, 2018년에는 알렉산드리아 오카시오코르테스(Alexandria Ocasio-Cortez)를 비롯한 여러 급진주의자들이 미국 의회에 진입하면서 기후위기 대응과 불평등 해소를 위한 방편으로 그린뉴딜이 제기되었다. 이런 맥락에서 최근 논의되는 그린뉴딜은 과거 오바마 시절 '녹색성장'의 일환으로 잠시 언급되었던 그린뉴딜과는 맥을 달리한다. 과거의 그린뉴딜이 신자유주의적 사회경제체제 안에서 기업에 대한 투자와 지원을 통한 녹색전환을 모색한 것이었다면, 2018년 이후 그린뉴딜은 아래로부터의 사회운동에 기반해 사회경제체제의 근본적 변화를 꾀하고자 하는 '민중 지향적 기후정의운동'의 모습을 강하게 띤다. 실제로 현재까지 '그린뉴딜'의 이름을 달고 나온 정책은 미국의 오카시오코르테스와 에드워드 마키(Edward Markey) 의원의 안과 이를 물려받은 샌더스의 안, 영국 노동당 내 그린뉴딜 그룹의 안, 그리고 유럽연합의 '그린딜'을 비판하는 DiEM25(유럽민주화운동)의 안, 그리고 여러 나라의 녹색당에서 추진하는 안 등이 존재한다.

해외 논의와 정책 속의 '그린뉴딜'은 각기 넓은 스펙트럼에 걸쳐 있지만, 모두 사회구조의 근본적 변화를 통한 기후위기 대응과 사회불평등 해소를 추구하려는 대안으로 다른 기후정책들과는 다른 의미가 정립되고 있다. 그런데 최근 한국에서는 모든 온실가스 감축 정책들이 '그린뉴딜'로 포장되어 소개되는 가운데 그린뉴딜의 지향과 내용에 대한 심도 깊은 토론보다는 그린뉴딜의 '브랜드화'가 가속화되는 형국이다. 청와대와 여당에서 추진하고자 하는 '그린뉴딜'도 이런 맥락에서 이해할 수 있다.

지난 4월 28일 문재인 대통령은 국무회의에서 "이해관계 대립으로 미뤄졌던 대규모 국책사업도 신속한 추진으로 위기 국면에서 경제 활력 제고와 일자리 창출에 기여할 수 있기를 바랍니다"라고 밝혔고, 경제부총리와 관계 장관들도 건설, 석유화학, 철강 산업계 지원 같은 대책들을 강구하고 있다. 오히려 '그린뉴딜'이 아닌 '토건뉴딜'로의 회귀이며 더 많은 규제 완화, 더 많은 온실가스 배출과 환경파괴를 야기하게 될 것으로 우려된다. 5월 말에 와서 대통령의 주문에 따라 '한국판 뉴딜'은 '디지털뉴딜'과 '그린뉴딜'의 결합으로 정리되고 이에 따라 추경도 편성되었지만, 여전히 과감한 사회 '계약'(deal)도 없고 그럴싸한 '새로운'(new) 사업도 없다는 비판이 제기되었다.

코로나19 위기를 극복하면서 동시에 기후위기 대응의 발판을 놓는 프로젝트는 어떻게 가능할까? 기후정의운동 단체인 '350.org'가 '정의로운 코로나19 지원과 경기부양을 위한 다섯가지 원칙'

에 기초해 전재하고 있는 '민중적 구제책'(People's Bailout) 캠페인은 좋은 참고가 된다. 이들이 제시한 다섯가지 원칙의 첫째는 모든 이들의 건강이 보장되어야 한다는 것이다. 이를 위해서는 보편적 의료보험을 넘어 공공의료 확대, 상병수당과 유급 병가 및 휴가, 보건의료 사각지대의 취약계층 지원 확대 등이 필수적으로 요구된다. 둘째는 대중에 대한 지원이 직접적이어야 한다는 것이다. 경기침체 기간 모든 이들에게 생계지원금이 정기적으로 지급되어야 하고, 강제퇴거 금지, 임대료 감면 및 동결과 납부 유예, 주거지원 확대, 나아가 실업부조와 아동보육 등 사회안전망 확충도 긴급히 필요하다. 셋째는 기업이 아닌 노동자 공동체와 지구의 구제가 우선이라는 것이다. 임원 상여금, 주식 배당, 주식 환매에 기업지원이 이루어져서는 안 되며 경기침체 기간 모든 노동자의 해고가 금지되어야 한다. 탈탄소화 등 환경 개선에 나서지 않는 기업은 지원 대상에서 제외되어야 한다. 넷째는 재생가능에너지와 생태계 복원에 기반한 탈탄소 재생경제로의 '정의로운 전환'이다. 이는 새로운 일자리를 제공하는 데 머무는 것이 아니라 공익을 이윤에 우선하고 노동자와 공동체의 권리를 강화함으로써 생태적 전환과 구조적 사회경제 불평등의 해소를 동시에 추구함을 의미한다. 마지막으로는 코로나19 위기의 상황이 인권과 시민적 자유를 침해하는 빌미가 되어서는 안 된다는 원칙이 있다.[5]

거대한, 정의로운 전환을 시작해야

1970년대 중반 영국의 루카스 항공사에서는 노동조합 활동가들이 추진한 '루카스 플랜'(Lucas Plan)이라는 의미심장한 실험이 있었다. 전투기 엔진과 잠수함 주요 부품 같은 군수무기를 만들던 루카스 항공사에서 사측이 잉여 노동력에 대한 구조조정을 예고하자 활동가들은 파업으로 맞서는 대신에 회사의 설비와 노동자들의 기술로 생산할 수 있는 대안들을 조사했다. 그 결과 태양광 패널, 풍력 터빈, 히트펌프, 궤도와 도로 겸용 차량 등 150가지에 이르는 제품들을 충분히 만들 수 있다는 것이 드러났고 활동가들은 이를 약 1000면 분량의 보고서로 정리했다. 그리고 이 기획은 "사회적으로 유용한 생산"(socially useful production) 운동으로 명명되었다. 군수무기를 만들지 않아도 지역사회와 환경을 지키고 일자리를 유지하는 프로그램이 가능하며 따라서 정리해고도 불필요하다는 논리가 가능해졌다. 나아가 많은 이윤을 거둘 수 없다는 이유로 자본이 외면했던 생산품목들이 오히려 사회에 더 필요하다는 주장은 노동자들의 적극적인 생산전환 기획이라는 측면에서 상당한 반향을 불러일으켰다.

루카스 플랜 자체는 사측에 의해 외면당했지만, 기후위기의 시대에 그러한 대안적 계획은 더욱 절실하게 다가온다. 얼마 전 트럼프 정부가 자동차 회사 GM에 코로나19 대응을 위한 인공호흡기 생산을 주문했다는 것은 시사적이다. 양차 세계대전 당시에도 미국과 유럽의 민간 회사들이 생산라인을 군수 물자와 장비 생산으로 급격히 전환했던 일들이 있었다. GM이 인공호흡기를 능히 만들 수 있다면 다른 회사들도 기후위기에 대응하고 재생가능에너지를 확산하기 위한 여러 제품과 설비 생산으로 전환할 수 있을 것이다. 이러한 프로그램을 노동자와 회사, 지방정부와 지역사회 모두가 함께 논의하고 실현하는 것이 기후위기 시대의 루카스 플랜이자 정의로운 전환의 실체다.

온실가스 감축은 경제규모와 생산의 일정한 축소와 전환을 수반할 수밖에 없다. 이런 사실을 받아들이지 않고서는 어떤 정의로운 전환이나 그린뉴딜을 들고 나와도 공문구에 그칠 것이다. 한국이 코로나19 대응에는 어느정도 성공했다고 자축하는 분위기이지만, 정부와 사회가 환경과 경제를 바라보는 관점은 거의 바뀐 것이 없어 보인다.

우리는 코로나19 위기의 극복이 '재난 자본주의'를 통한 구체제의 복구나 더 나쁜 체제의 도래로 귀결될 것인지, 아니면 코로나19 위기와 병행하는 기후위기 비상사태를 받아들이고 질서 있는 경제와 사회의 재조직을 실현하는 것으로 이어질 것인지의 분기점 앞에 있다. 벌써 '포스트 코로나' 체제를 운운하는 것은 성급하지만, 이제 어떤 미래를 원하는지를 구체적이고 풍부하게 요구해야 할

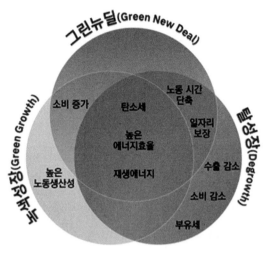

[그림 3] 그린뉴딜, 녹색성장, 탈성장의 관계 모식도

* 출처: Daniel W. O'Neill, "Beyond green growth," *Nature Sustainability* 3, 2020. 에너지전환포럼(http://energytransitionkorea.org/post/28709)에서 재인용.

때다. 결국 우리는 코로나19 위기를 통해 기후위기를 대비하고, 또 코로나19 위기를 이겨내면서 기후위기를 이겨내는 토론과 행동을 시작해야 한다.

대응의 주요 원칙과 방향을 말하자면, '탈성장'의 전면화 또는 경제의 질서 있는 후퇴와 축소를 통한 관리된 탈성장이 요구된다. 경제생활과 에너지 소비 및 오염 배출 사이의 절대적이고 충분한 탈동조화(decoupling)가 요구되며, 생산과 소비의 총량 자체도 줄어들어야 하기 때문이다. 아울러 GDP 증가로 표현되는 경제성장이 갖는 의미를 상대화하고 다른 질적 지표들을 주류화해야 한다.

다양한 사회 안녕과 번영을 개념화하고, 연대와 돌봄의 가치가 재평가되고 폭넓게 인정받아야 한다.

이와 연동하여 급진적 노동시간 단축 및 이와 연동되는 기본소득 보장을 현실의 요구로 삼아야 한다. 시간을 두고 제조업, 농업, 에너지산업의 목표와 비중의 전환을 이루어내고, 이에 따라 노동자, 농민, 협동조합의 비중과 존재 양태를 전환해야 한다. 중단기 과정에서 공공 및 핵심 부문(에너지, 주요 제조업)이 중요하게 활용될 수 있다. 이러한 내용으로 정치-경제 프로그램이자 주체 전략으로서의 '정의로운 전환'이 구체화되어야 하며, 최근의 '그린뉴딜' 논의도 새로운 의미 또는 새로운 이름으로 재구성될 수 있을 것이다.

우리는 정부에 의해, 선물로서 주어지는 그린뉴딜이나 정의로운 전환은 없다는 것을 분명히 알아야 한다. 선물의 목록과 구성까지 챙기는 사회운동이 분출해 앞서거니 뒤서거니 하며 담론과 제안을 채워야 할 때다. 코로나19 이후의 사회운동이 이미 거대한, 정의로운 전환의 실체가 되어야 가능한 일이다.

팬데믹 시기는
새로운 의료를 예비하는가

최은경

* 이 글은 『창작과비평』 통권 188호(2020년 여름)에 게재된
「팬데믹 시기는 새로운 의료를 예비하는가」를 수정·보완한 것이다.

들어가며

코로나19 위기는 발발 이후 누구도 예상하지 못했던 사태로 전화되었고 그간 구상으로만 그쳤던 미래를 성큼 다가오게 만들었다. 사상 초유의 사회적 거리두기와 온라인 개학, 그리고 스마트-역학조사에 이르기까지, 일견 인류는 전대미문의 사건에 노출되어 있는 것처럼 보인다.

인류가 신종감염병을 예상하지 못한 것은 아니다. 1980년대 HIV/AIDS가 등장한 이래, 감염병은 현대 의학이 해결하기 어려운 새로운 위기로 늘 거명되었다. 전지구적인 자본주의의 발전으로 그 어느 때보다도 인력과 생물체의 이동 빈도가 늘어나고 메

가시티 등 도시 인구의 집적이 전세계적으로 확대되면서 과거에는 알지 못했던 전염병이 새로운 숙주 환경을 찾아 전파될 가능성이 어느 때보다 높아졌다. 사스(SARS, 중증급성호흡기증후군), 메르스(MERS, 중동호흡기증후군) 등 그간 전례가 된 신종감염병은 그 등장만으로도 큰 위력을 발휘했다. 그러나 신종감염병 중 전세계적인 팬데믹으로 단기간에 영향력을 발휘한 것은 코로나19가 처음이다. 초연결사회가 된 글로벌사회 전반에 영향을 미쳤다는 점, 그리고 사태 초기에는 백신이나 치료제 등 뚜렷한 의학적 대응물질이 부재하다는 점에서 코로나19는 인류사회에 쉽지 않은 도전이 된다.

유명한 저술가 유발 하라리(Yuval Noah Harari)는 코로나19 위기에 관하여 인류가 선택의 기로에 놓여 있다고 언급한 바 있다.[1] 하나는 전체주의적 감시체제와 시민적 역량 강화 사이의 선택이고 다른 하나는 민족주의적 고립과 글로벌 연대 사이의 선택이다. 누가 어떤 방식의 선택을 할 것인지는 아직 알기 어려우나, 팬데믹하의 일상이든 향후 전망이든 '선택의 시간' 속에 놓여 있음은 분명하다. 평화 상태에서 늘 인식의 저편에 머물던 분배의 논리와 통제의 논리는 위기 국면에서 전면화된다. 모두가 선택하고 결정을 내려야 할 책임의 주체로 내몰리거나 호명된다. 팬데믹의 가장 치열한 현장인 의료 현장은, 그 자체로 위기의 대상이거나 구원의 자리이다. 이 흐름은 참여한 의료진의 영웅화(혹은 소진)로도, 또는 모두를 통제할 수 있는 기술에 대한 호출로도 이어질 수 있다. 치료의 일선에 있는 의료진에게는 또다른 긴박한 고뇌의 순간과 시간이다.

이 글은 코로나19 사태 속에서 의료의 시간을 살피고 팬데믹이 호출하는 의료의 형태를 되짚고자 한다. 코로나19 사태는 소위 '선진의학'의 후발주자로 간주되던 한국 의료의 위상을 선전하는 계기가 되었고 서구 국가들의 의료의 민낯과 한계를 보여주었다. 그러나 팬데믹 시기 의료가 직면한 과제는 한국이든 서구 국가든 동일할 수밖에 없다. 하나는 의료자원을 누구에게 분배할 것인가 하는 문제, 다른 하나는 감시와 개인의 자유 제한이라는 문제, 마지막은 의료인에게 부과되는 부담의 문제이다. 이외에도 의료가 당면한 다양한 문제가 산적해 있으나, 우선 이 세가지 문제에 초점을 두어 논하고 향후 과제를 고려해보고자 한다.

의료자원의 분배 결정 문제

공중보건 위기는 치료 시스템의 역량과 한계를 노출한다. 평상시에는 의료 시스템에 그렇게 많은 역량을 필요로 하지 않으나 팬데믹 상황에서는 하나의 침상, 한명의 의료진이 중요해진다. 팬데믹 대비(pandemic preparedness)에 관하여 안내하고 있는 WHO(세계보건기구), CDC(미국 질병통제예방센터) 등 국제사회 지침은 이러한 상황을 가정하여 팬데믹 상황에서 운용할 수 있는 계획을 국가 차원에서 마련하는 한편, 미리 팬데믹 대비를 위한 역량을 강화하고 주요사항을 점검할 것을 강조한다. 매번 팬데믹의 규모와 전파 속도를 가늠하기 어렵고 치료 기간 등 신종감염병 관련 정보도 희박하기 때문에 어느 정도의 자원이 사전에 필요한지 규정하기란 쉽지 않다. 기존의 병·의원 자원을 활용하되 팬데믹 상황에 맞춰 충분한 물량과 인력을 사용 가능하도록 전환하고 경증·중증 환자 분류에 맞추어 시스템을 재배치하는 것이 치료자원 분배의 요체이다. 그러나 병·의원 자원 준비가 충분하더라도, 팬데믹 규모에 따라 희소한 자원의 분배를 최전방에서 결정해야 할 가능성은 상존한다. 충분하지 않은 침상과 인공호흡기를 이용하여 누구를 치료할지 말지 결정을 내려야 하는 상황이 속출한다.

한국에서는 초기 대구의 상황을 떠올릴 수 있다. 확산 초기 무렵 환자들이 몰렸을 때 대구시의 국가지정 입원치료병상은 부족했다. 확진자 중 최대 2300명까지 집에 머문 적이 있었고 전체 사망자 중 23%가 입원을 하지 못하고 사망하였다.[2] 2월 말 대구시의사회의 호출에 대구로 달려온 자원봉사 의료진이 아니었다면 폭증하는 환자를 감당하기 어려웠을 것이다. 만약 팬데믹이 대구에만 국한된 것이 아니라 다른 지역으로 번졌다면 자원봉사 운영 여력은 금방 한계에 달했을 것이다. 그때까지는 중증질환을 동반하지 않은 젊은 층을 중심으로 전염병이 유행하면서 질병 이환에 따른 사망률이 낮아 의료자원의 비상적 운용이 가능했다.[3] 아직 팬데믹이 종식된 상황이 아니며 언제든 제2차, 제3차 유행이 발생할 수 있는 현실에서 자원 역량의 중요성은 아무리 강조해도 지나치지 않다.

대구가 역량 한계를 노출할 뻔했으나 상대적으로 운이 좋았던 사례라면, 이딸리아와 뉴욕의 경우는 자원의 한계로 인한 임상적 의사결정의 어려움을 보여주는 사례라 할 수 있다. 이딸리아의 경우 급박한 환자가 급증하자 중환자의학회에서 '사회적 유용성'을 기준으로 환자를 분류해 받을 것을 권고하는 가이드라인을 발표하였다.[4] 이에 따르면 현재와 같은 재난적 상황에서는 공리주의에 입각해 기대 여명이 높은 이, 동반질환이 없는 이에게 우선적으로 응급의료자원을 제공해야 한다. 뉴욕의 경우 일부 병원에서 두 명의 환자가 한개의 호흡기를 사용하는 방침을 세웠는데, 이는 일부 환자들에게 위험이 될 수 있음에도 불구하고 도입한 조치였다.[5] 관련자 전수 검사를 수행하기보다는 심각한 증상을 가진 일부에게만 검사를 수행하는 영국, 미국 등의 조처 역시 검사 후 운용할 수 있는 치료자원의 부족에서 비롯된 한계를 보여준다.

부족한 의료자원은 정책당국과 의료진들에게 고도의 도덕적인 고려와 의사결정을 요구한다. 누구를 살리고 살리지 않을 것인지를 결정하는 가운데 '모든 이를 살릴 수 있도록' 기획된 근대적 생명정치는 그 작동을 한시적으로 멈춘다. '먼저 도착한 이들에게 먼저 의료자원을 분배한다'는 일반적인 의료자원 분배 원칙은 오히려 비윤리적인 것으로 이해된다. 그러나 어떤 원칙이 유용한가? 외국의 의료윤리학자들은 공리주의를 원칙으로 삼되 의료진 우선 분배, 회복 가능성에 따른 우선 분배, 필요한 경우 동의 없는 연명치료 중단, 유사한 예후를 보이는 경우 제비뽑기로 순서 정하기 등 재난 상황에 적절한 의료자원 분배 원칙을 도입할 것을 권고한다.[6] 이러한 원칙에 의거하면, 고령이거나 건강 상태가 좋지 않은 환자는 의료자원 분배에서 체계적으로 배제되는데, 이는 다시 차별로 이어지기 십상이다. 의료자원 분배 원칙이 공개적으로, 공정하게 결정된 것이라면 도덕적으로 정당화될 수 있다는 윤리학자들의 지적은 충분할까?[7] 장애인 단체들은 자신들이 의료자원 분배 결정에서 소외될 것에 대한 우려를 이미 천명하고 있다.[8]

국내에서는 어떠한 원칙이 도입되었다고 볼 수 있을까? 마스크 분배를 둘러싼 논란에서 볼 수 있듯, 국내에서 자원 분배의 원칙은 주민등록번호에 기반한 평등주의적 원칙에 가깝다. 일견 합리적이고 안정적인 대책으로 평가받으나 마스크 접근이 어려운 중증질환자 등 취약계층, 외국인 근로자들은 아직 이러한 평등주의적 분배 대상에 포함되지 않는다. 사회적 '비시민'에게는 마스크를 분배하지 않는다는 점에서 완전한 평등주의적 분배라고 보기는 어렵다. 평등주의적 분배 자체가 공정한 분배냐는 질문 역시 가능하다. 예를 들어 평등주의적 분배에서는 마스크가 가장 필요한 집단에 대해서는 언급되지 않는다. 의료진이나 의료기관에서 일하는 사람,

사람을 많이 만나는 서비스직 등 마스크를 통한 보호가 꼭 필요한 집단 역시 획일화된 공급 대상으로 간주됨으로써 오히려 불공평한 분배가 발생할 수 있다.

평등주의적 분배와 다른 원칙으로는 사회에 가장 유용한 계층에 우선 분배하는 공리주의적 원칙, 약자에게 제일 먼저 분배하는 약자우선주의적 원칙 등이 있을 수 있다. 공리주의적 원칙은 평상시에는 크게 부각되지 않으나 전염병 유행과 같은 재난 상황에서는 더욱 긴요하게 고려되는 원칙이다. 의료진 우선으로 의료자원을 분배하거나 젊은 환자를 먼저 치료하는 것 등이 예가 될 수 있다. 약자우선주의 원칙에는 중증환자 우선 원칙, 적은 나이 우선 원칙 등이 있을 수 있다. 상황이 발생했을 때 어떤 원칙에 근거해야 공정이라는 가치를 가장 잘 구현할지 고려해야 한다. 예를 들어 마스크의 경우 공급량이 부족하다면 영·유아나 소아, 장애인 등 취약계층에 먼저 분배하는 것을 생각할 수 있다.

위기 상황의 의료자원 분배는 의료진이나 정책결정집단 등 일부 의료제공집단의 몫이 아니다. 어떤 방식의 자원 분배가 공정한지 불공정한지는 한 사회의 가치이자 구성원들을 대우하는 방식에 따라 판단되며, 구성원들의 참여와 합의가 필요하다. 그런 점에서 이에 따른 자원 분배의 결정은 위기 상황에서 더욱 필요한 사회적 기능이며, 서로의 돌봄을 예비하고 나누는 장이라 할 수 있다. 한가지 방식이 절대적인 원칙일 수는 없으며 구성원들의 다양한 가치관이 경합할 수밖에 없다는 점에서 민주주의적 숙의 과정도 절대적으로 필요하다. 코로나19를 거치면서 각자의 숙고와 고려, 돌봄의 자세가 중요해지는 지점이다.

감시와 개인의 자유 제한

코로나19 사태는 사회적(물리적) 거리두기, 록다운(lockdown), 전방위 감시 등 그간의 공중보건 개입조치 중 가장 높은 수위를 요구하고 있다. 사스나 신종인플루엔자, 에볼라 유행 당시에도 일부 격리와 거리두기가 이루어졌으나 이번 사태처럼 전사회적으로 시행된 경우는 없었다. 전례 없는 위기는 전례 없는 방식으로 개인의 자유를 제한할 것을 요구한다.

한국은 전통적인 방식의 강제력 행사보다 기술을 이용한 방식을 적극 활용하는 새로운 모델로 각광받고 있다.[9] 한국의 모델은 검사(test), 추적(tracing), 치료(treatment)의 세가지 도구를 결합한 모델로서, 전국민 정보가 조회 가능한 보건의료행정 시스템을 기반으로 하며, 유전자 PCR 검사, 인식 기술, 경로 추적, 데이터베이스 축적 분석 등 첨단 테크놀로지를 결합한 것이다. 이러한 실시간 감시(real-time surveillance) 시스템은 한국의 코로나19 감염자 추이를 통해 그 효과가 입증되고 있다. 기존의 전통적인 록다운과 여행

제한, 이동 제한처럼 자유권에 제한을 가하지 않으면서 미시적으로 바이러스와 인체 움직임을 추적하고 격리할 수 있는 방식이라는 점에서 주목받는다.

그러나 한국 모델은 록다운으로 인한 경제적 피해를 최소화할 수 있다는 일부의 각광에도 불구하고 과도한 프라이버시 침해에 대한 우려를 낳는다. 다른 나라, 심지어 싱가포르보다 더 과도한 정보를 수집하고 연령과 성별, 분 단위 이동 등 자세한 정보를 일반인들에게 배포한다.[10] 심지어 이를 이용한 '코로나맵'(coronamap. site) 같은 지도도 개발되어, 감시에 기반한 전국민의 추적 및 자가격리를 유도한다. 이러한 신원 및 위치의 실시간 노출은 노출자와 확진자에 대한 낙인과 사회적 비난, 차별도 동반하므로 시민들 스스로의 주의가 요청된다. 국가인권위원회에서는 지난 3월 9일 "확진 환자들의 내밀한 사생활이 원치 않게 노출"되는 것에 우려를 표하며 "개인을 특정하지 않고 시간별로 방문 장소만을 공개"할 것, "확진환자가 거쳐 간 시설이나 업소에 대한 보건당국의 소독과 방역 현황을 같이 공개"할 것 등을 권고하였다.[11] 방역당국도 국가인권위의 권고를 받아들여 2020년 3월 개인을 특정하는 정보, 거주지 세부 주소 및 직장명은 공개하지 않고 시간적·공간적으로 감염이 우려될 만큼 확진자와의 접촉이 일어난 장소 및 이동수단을 공개하는 것으로 정보공개 방침을 개정했다.[12] 그럼에도 불구하고 지자체별로 공개되는 확진자 정보 수위와 배포 범위가 달라 추가적인 피해가 여전히 우려된다.[13] 감염자 방문 장소 회피가 과학적으로 방역에 얼마나 도움이 될지도 의심스럽다. 방문 장소 공개는 진단 전 노출자의 자각에만 도움이 될 뿐, 노출자들뿐 아니라 해당 장소에 대한 낙인을 남기며 그 효과도 불분명하다.

외국에서는 한국 모델을 프라이버시 관념이 미약하기 때문에 받아들여질 수 있었던 조처로 보는 시각이 많다.[14] 이러한 프라이버시 희생 모델을 서구 국가에서는 받아들이기 어려울 것이라는 의견 또한 존재한다.[15] 그러나 한국이 유교국가이고 아시아 문화권이어서 프라이버시 관념이 미약하다는 외국의 인용은 정확하다고 보기 어렵다. 해외 일부 언론은 '78.5%의 응답자가 전국 유행을 예방하는 데 도울 수 있다면 사생활권 보호는 희생해도 된다고 응답했다'는 서울대 보건대학원의 연구조사를 인용한다. 그러나 같은 조사에서 '인권침해 소지가 있는 무리한 방역 대책의 결과는 사회 불안을 증폭시킨다'는 문항에 44.3%가 동의한 점은 다루지 않는다.[16] 한국의 디지털기술 수용도는 다른 어느 나라보다 높으나, 필요 이상으로 이루어지는 '빅브라더'의 프라이버시권 침해가 만약 효과도 없고 부적절하다고 판단되었을 때에도 여전히 그럴지는 의문이다. 이렇듯 프라이버시에 대한 우려는 성공적인 방역을 수행 중인 한국에서도 여전히 현재진행형이다. 사실 서구에서도 프라이버시 침해적 기술을 받아들여서라도 록다운을 풀어야 한다는 논의가 많다. 방역기술의 도입 방향은 국가별·문화권별로 다를 수 있어도 팬데믹 시기에는 유사한 방향으로 수렴될 가능성이 높다.

　해외 국가들이 취하는 록다운과 여행·이동 제한 조치가 전통적인 자유권 행사에 제한을 가하는 방식이라면 실시간 감시 및 미시적 추적, 격리 조치는 프라이버시를 침해하는 방식이다. 이 중 어떤 것이 더 위험하고 개인에게 더 심각한 위해를 초래하는가를 손쉽게 판단하기란 어렵다. 이동권만큼 프라이버시권도 기본적인 개인의 행복추구권, 인격 구현의 권리에 해당된다. 더욱 어려운 점은 프라이버시권이 점점 더 기술의존적 권리에 가까워지고 있다는 점이다. 스마트폰, 빅데이터, 웹2.0 기술 등의 발전은 데이터 수집력과 함께 프라이버시를 침해할 수 있는 길을 터놓은 반면 개인정보를 스스로 보호할 수 있는 방안은 개인이 갖춰놓기 어려운 경우가 많다. 그뿐 아니라 코로나19는 향후 기술 발전과 데이터의 수집이 중앙집중화할 길을 열 가능성이 크다. 국토교통부는 최근 '감염병 예방 및 관리에 관한 법률'에 따른 역학조사 절차를 자동화하는 '코로나19 역학조사 지원시스템'을 정식 운영한다고 밝힌 바 있다.[17] 이는 대규모 도시데이터를 수집·처리하는 스마트시티 연구개발 기술을 활용한 시스템으로서, 과거에는 방역당국에서 역학조사를 위해 카드사, 통신사에 유선이나 공문을 통해 일일이 자료를 요청했다면 이제는 빅데이터 방식을 활용하여 실시간으로 자료에 접근할 수 있도록 하는 것이다. 방역당국은 개인정보 보호에 만전을 기하겠다고 하나, 이를 위한 제3자 감시기구 설치 등 실질적 방법에 관해서는 아직 별다른 언급이 없다. 록다운 등 전통적인 자유권 제한은 한시적인 방식인 데에 반해, 기술 발전으로 인한 프라이버시 침해는 영구적인 방향이 될 가능성이 높기 때문에 더욱 고민이 필요하다.

'치료의 의무'와 '의료인 돌봄' 사이에서

팬데믹은 선사회적인 문제이지만 여기에 일차적으로 대응하는 이들은 의사, 간호사를 비롯한 일선의 의료진들이다. 아무리 좋은 방역 계획을 갖추더라도 환자를 치료할 수 있는 의료진이 충분치 않다면 팬데믹을 감당하기란 불가능하다. 치료는 궁극적으로 신종 감염병을 감당할 수 있는 버팀목이다.

코로나19의 시간은 일선 의료진들에게도 불균등한 시간이 된다. 코로나19와 사투를 벌이는 영웅으로 조명받으나 이들에게 그만큼의 대우와 보상이 주어지는지는 의문이다. 한국에서는 확산 초기 대구에서 의료진을 대상으로 한 숙소 제공과 수당 등의 문제가 불거졌다.[18] 전세계적으로 의료진이 처한 상황은 더 열악하다. 팬데믹 상황에서 의료진에게 주어지는 업무량은 엄청나게 늘어나고 감염 확률은 비의료인에 비해 훨씬 높다. 보호장구가 충분히 마련되지 않으며, 매일 죽음을 목격하고 누구를 살릴지 고민해야 하는 탓에 감정적 소진에 쉽게 노출된다.[19] 이딸리아 북부 병원에서는 코로나19 확진 판정을 받은 간호사 두명이 두려움과 바이러스 전파에 대한 우려로 스스로 목숨을 끊는 일도 발생했다. 국내에서도 육체적 고통, 불시에 차출되는 업무, (대구와 같은 지방에서는) 치료가 어려웠던 현실 등을 경험하며 정서적 고통을 호소하는 의료진이 많다.[20]

신종감염병 팬데믹 상황에서 의료진의 희생이 '당연'한 것은 아니다. 진료에 참여할지부터 어떤 환자를 선택하느냐 등의 문제까지 의료진들은 쉽지 않은 선택에 내몰린다. 역사적으로도 의료진의 '치료의 의무'(duty to care)가 당연했던 것은 아니다. 1665년 런던 페스트 유행, 1773년 필라델피아 황열병 확산, 1918~19년 인플루엔자 대유행의 치료 현장에서 의료진이 사라진 예는 곧잘 만날 수 있다. 설문조사에 의하면 해외 보건의료인 중 50%만이 심각한 팬데믹 상황에서 출근할 것이라고 응답했고 치명적인 질환인 경우 직장을 떠날 것이라는 응답도 19%에 달했다.[21] 코로나19 상황에서도 치료가 절대적이고 무조건적인 의무가 될 수 없다는 견해가 많다.[22]

의료진에게 치료의 의무를 부과할 수 있다는 근거는 주로 세가지 측면에서 제기된다.[23] 하나는 공중보건적 필요가 커질수록 그에 걸맞은 책무도 커지며, 마침 진료에 대한 의료진의 역량이 일반 대중보다 낫다는 점이다. 다른 하나는 자유롭게 직업을 선택함으로써 의료진은 그 위험을 이미 가정했다는 점이다. 마지막으로 의료직의 독점적인 지위를 사회적으로 보장하는 것이 이런 위기 상황에서 이들을 활용할 수 있게 한다는 일종의 사회계약적 근거이다. 그러나 이들 중 사회계약적 근거 외에는 치명적인 생명 위협 상황에서까지 의료진에게 치료의 의무를 부과할 논리가 희소하다. 특히 직업 선택 시 이미 동의했던 사안이라는 논리는 우리가 직업 선택 시 해당 직업의 내용 전부를 예견하고 동의하는 것은 아니라는 점에서 합당한 논증이 되기 어렵다. 사회계약적 근거조차도 의료진에게 팬데믹 상황 치료의 의무를 부과하는 절대적인 명령이 되지는 못한다. 최소한 합리적인 수준으로, 숙련된 의료진이 받아들일 만한 위험으로 완화될 수 있도록 조처되어야 하며, 이 역시 사회적 명령이라 할 수 있을 것이다.

  팬데믹 시기 많은 의료진이 치료의 의무만으로는 받아들이기 어려운 불균등한 위험에 노출되어 있다. 예를 들어 의료진의 가족 돌봄은 시급하나 해결이 쉽지 않은 문제다.[24] 개학이 연기됨에 따라 아이를 돌보는 의료진의 경우 격리 의무와 가족 돌봄 의무 둘 다의 균형을 잡아야 하는 고충을 겪는다. 돌봄휴가 등은 있으나 무급이며 팬데믹 시기에 유용한 별도의 가족 돌봄 제도는 없다. 의료진 소진 또한 긴급한 문제다. 이는 의료의 질, 환자 안전 문제와 긴밀히 연결되며, 팬데믹 상황에서는 더욱더 치명적일 수 있다. 의료진 소진은 단순히 업무량의 문제로만 환원되기 어려우며, 의료진을 대상으로 한 적절한 보상과 의료진 스스로를 보호하고 통제할 수 있는 제도 및 권한의 요소들도 함께 고려되어야 한다.

팬데믹 시기 의료진에게 몰리는 과도한 부담은 아이러니하게 두 가지 면에서 그동안 의료직에 부여해온 엄격하고도 독점적인 권한과 부담을 완화하는 계기가 된다. 하나는 그동안 훈련의 대상이 되었던 견습생들의 투입이 허용될 수 있다는 점이다. 의과대학 학생들을 투입한 미국 뉴욕주의 조치가 대표적이다.[25] 이러한 팬데믹 상황하의 비상조치는 그간 국내 의료계에서 강하게 반대해온 의사 보조인력 등을 양성화할 가능성을 키운다. 다른 하나는 비대면 진료의 필요성이 증가하면서 최첨단기술과 결합된 원격의료 도입 등으로 이어질 수 있다는 점이다.[26] 원격의료는 중국, 일본, 미국에서는 이미 코로나19 위기에 적극 활용되고 있다. 의료의 위기는 전통적 방식의 의료, 의료전문직 제도의 위기인 동시에 어쩌면 새로운 경로로 이어질 수 있다.

나가며

팬데믹 시기 의료는 미증유의 시간을 통과하고 있다. 20세기를 거치면서 의료는 전통적인 의사-환자 간의 영역에서 국가, 병원, 보험, 전문직 등 다양한 요소가 집결·개입되는 영역으로 변모하였다. 팬데믹 시기를 통과하면서 의료는 어떠한 변화를 거칠까? 방역의 중요성이 점점 더 강조되면서 의료는 이제 필수적인 안보 역량으로, 정부와 사회의 긴밀한 통제가 필요한 분야로 정립될 가능성이 크다. 국가에 의한 계획과 기술에 의한 개입은 더욱더 의료의 주요한 요소로 받아들여질 수 있다. 이러한 변화는 의료전문직의 지위 하락, 의료의 '인간적인 면'의 쇠퇴로 이어질 수 있을 것이다. 이는 이미 거대한 첨단기술산업복합체가 되고 있는 21세기 의료의 경향에서 기인한 바도 크나, 코로나19 사태가 이러한 경향을 가속화할 것임은 분명하다. 팬데믹 시기 병원에 도착한 모든 사람에게 평등하게 진료를 제공할 것이고, 개인의 자유와 기밀을 존중할 것이며, 의사들을 더할 나위 없이 소중한 사회자원으로 대할 것이라는 약속이 이루어지기란 쉽지 않다. 현재 의료, 그리고 과학기술이 줄 수 있는 것은 위기를 극복할 것이라는 미래에 대한 약속뿐이다.

위기의 시기에 통상 강조되는 것은 '대중의 신뢰'에 기반한 '책무'이다. 신뢰의 대상이자 상징이 된 의료에 쉽지 않은 책무의 시간인 셈이다. 한국의 경우 코로나19 유행 첫 몇개월간 중차대한 위기를 겪고도 회복되는 모습을 보임으로써 전세계적으로 모범적인 모델이 되었다. 한국 의료는 이 시기를 잘 통과했지만 이후에도 그러할 수 있을까. 혹은 그 이후 도래할 새로운 의료의 모습에 낯설어하지 않을 수 있을까. 낯선 시간에 대한 물음의 무게는 비단 책무를 지닌 의료(인)에만 머물지 않는다. 우리 모두 그 '의료'의 수혜자가 될 것이기 때문이다.

코로나19 이후의 노동세계

전병유

* 이 글은 정책기획위원회 『열린정책』 제6호(2020년 6월)에 게재된 「코로나19 이후의 노동 세계」를 수정·보완한 것이다.

코로나19 이전 노동의 화두는 '일의 미래'(future of work)였다. 이른바 디지털전환이 가속화되어 자동화, 플랫폼화가 진전되면서 일하는 방식과 형태가 크게 달라질 것이라는 전망하에, 인공지능 (AI)이 일자리를 줄이고 디지털 플랫폼이 새로운 비정형의 일자리만 늘릴 것이라는 담론이었다. 인공지능과 빅데이터 기반의 자동화로 '노동의 소멸'이 이루어질 것이라는 우려도 제기되었다. 더불어 디지털 플랫폼 노동의 확산으로 임금노동이라는 전통적 고용 형태가 크게 바뀔 것이라는 전망도 나왔다. 그러나 인공지능은 일부 기업의 경우를 제외하고는 빠르게 확산되지 않았다. 인공지능 투자에는 돈이 많이 들고, 인공지능을 가르칠 데이터를 확보하는 것도 쉽지 않으며 사람들은 작업장에서의 타성과 관행에서 벗어나기 어려웠기 때문이다. '노동의 소멸'은 공포마케팅일 뿐이고, 인공지능의 세번째 겨울이 올 것이라는 전망도 제기되었다[1]. 그런데 코로나19는 비대면 경제활동을 촉진함으로써 디지털전환을 가속화하고 있다. 코로나19로 인하여 오프라인의 공간은 축소되는 반면 디지털 공간은 확대됐다. 코로나19는 생명, 생활, 생산에 커다란 영향을 주었을 뿐만 아니라 '일의 미래'를 '현재의 일'로 빠르게 바꾸어나갈 것이라는 예측이다.

가장 취약하게 일하는 사람이 코로나19에 가장 취약

그러나 코로나19는 '일의 미래'를 현재화하기 이전에 '과거의 일'이 내재하고 있던 구조적인 문제를 매우 위급한 현재의 문제로 드러내고 있다. 전염병과 경제위기는 적자생존을 강요하여 불평등 문제를 악화하는 경향이 있다. 특히 코로나19는 우리 사회의 취약한 지점들을 파고들어 숨기고 싶은 아픈 문제들을 더 들추어낸다. 코로나19는 노동의 세계에서 가장 취약한 계층에 가장 아프게 다가왔다. 근로계약 형태로 고용이 이루어지지 않았다는 이유로 노동법과 사회보험의 보호를 받지 못하는 '그날 벌어 그날 사는' 특수형태근로종사자, 플랫폼 노동자, 프리랜서, 독립 자영업자가 여기에 해당된다.

사이먼 먼지(Simon Mongey) 등[2]과 그레그 캐플런(Greg Keplan) 등[3]은 일자리를 산업과 직업 특성으로 구분해 어느 계층이 코로나19로 인해 가장 큰 충격을 받는지 분석했다. 산업을 사회적 대면 요소의 정도에 따라 사회적 산업과 일반적 산업으로 구분하고, 직업을 작업 장소 선택의 유연성과 원격작업, 즉 재택근무 가능성에 따라 유연한 직업과 그렇지 않은 직업으로 구분했다. 그리고 이렇게 구분한 일자리 중에서 코로나19에 따른 경제활동의 변화와 경기위축의 효과를 분석했다. 분석 결과는 상식과 부합한다. 사회적인 산업에서 유연하지 못한 직업군에 속하는 일자리를 가진 사람이 코로나19에 가장 취약한 것으로 나타났다. 대면접촉이 필수적인 서비스 업종에서 긱 노동(Gig work)과 같은 재택근무가 불가능한 직업의 일자리를 가진 계층이 가장 큰 타격을 입었다. 코로나19 관련 진단, 체크, 간호, 간병, 청소, 배달은 방역에서 가장 필수적이고 중요한 핵심 업무였지만 대부분 비정형·비정규 노동자들이 담당했다. 반면 상층 노동자들에게는 바이러스를 피할 수 있는 피난처로 재택근무라는 혜택이 주어졌다.

향후 코로나19로 인한 경기침체가 장기화할 경우 이는 고용위기를 초래할 수밖에 없다. 이로 인해 배달, 청소, 간병과 같은 저임금 노동시장에서 노동 공급이 증가될 것이다. 미래의 불확실성이 높은 상황에서 기업들의 아웃소싱이 증가할 것이기 때문에 이러한 일자리의 공급 역시 증가할 가능성이 있다. 그러나 기업들이 추진하는 무인화, 자동화 시스템으로 사람의 일자리는 더욱 줄어들 것이다. 이는 저임금 노동자들의 보수와 소득이 감소한다는 것을 의미한다. 그럼에도 이들은 대부분 실직 시 소득 상실의 위험으로부터 그들을 보호해줄 실업보험의 적용을 받지 못하고 있다. 이 때문에 정부는 긴급하게 고용안정 지원을 위한 예산을 편성했다.

이번 코로나19 위기에서 기존의 고용보험 전달체계로 이들을 커버하기는 쉽지 않았다. 때문에 정부는 용역파견근로자, 특수고용노동자, 플랫폼 노동자, 프리랜서 등에 대해 고용계약 여부를 따지지 않고 국세청, 건강보험공단, 그리고 금융기관의 전달체계를 활용하는 긴급고용안정지원금을 지급했다. 작년 12월에서 금년 2월까지에 비해 소득이 감소하거나 상실된 경우를 파악해서 직접적으로 빠르게 지원한 것은 시의적절한 정책이었다고 판단된다. 다만 이러한 경험을 활용하여 실직 시 닥쳐올 소득 상실의 위험으로부터 취약한 계층을 보호하는 제도를 갖추어야 한다.

한편 제도적 대책으로는 기존 제도의 사각지대를 해소하기 위해 논의되었던 한국형 실업부조인 국민취업지원제도가 국회에서 통과되었으며, 예술인도 고용보험에서 포괄하도록 하는 고용보험법의 개정안이 국회를 통과했다. 하지만 특수형태근로종사자에 대한 고용보험 적용 법안은 아직도 국회에 계류 중이다.

최근에는 모든 일하는 사람을 위한 전국민고용보험 도입 논의도 시작되었다. 모든 일하는 사람들을 일자리 상실 위험으로부터 보호하자는 전국민고용보험은 고용지위 여부(임금노동자로서의 종속성)와 특정 사업주에 대한 전속 여부(전속성)를 고용보험 가입과 수급의 조건으로 하는 기존의 고용보험제도를 일에서 발생하는 모든 소득을 기반으로 하는 소득보장보험 형태로 전환하자는 것이다. 그동안 종속성과 전속성 기준 때문에 대다수의 특수형태근로종사자나 프리랜서, 플랫폼 노동자들은 고용보험에 가입할 수 없었다. 고용보험은 임금노동자의 실직 위험을 방지한다는 취지에서 만들어진 제도이기 때문이다(이를 비스마르크형 사회보험제도라고 한다). 그러나 이제 이러한 임금노동 위주의 고용보험으로는 고용형태가 매우 다양해지는 현실에 대응하는 데 한계가 있다. 따라서 고용지위(임금노동자 여부)가 아니라 소득이 있는 일을 하는 경우 '소득'을 기반으로 고용보험에 가입하고 보험료를 지급하는 제도로 전환하자는 것이다.

사실 특수고용 노동자나 플랫폼 노동자, 그리고 자영업자 전체를 전국적 표준제도인 고용보험으로 포괄하는 것은 쉽지 않은 과제이다. 전국민고용보험이 가능하려면 적절한 시점에 소득을 파악하고 보험료의 징수와 보험금의 지급이 이루어지도록 징수와 전달체계의 문제를 해결해야 하며, 자영업까지 의무가입을 하도록 할경우, 보험료가 산정되는 소득 기준의 형평성 문제, 세부적으로 소득에 기초하여 기여(contribution)와 수급(benefits)을 설계하는 문제, 소득의 완전한 상실이 아닌 부분적 감소를 어느 수준에서 보전

할 것인지의 문제 등 쉽지 않은 사안들을 해결해야 한다. 그럼에도 코로나19로 촉발된 이번 위기는 취약계층까지를 포괄하는 더 보편적인 고용 안전망을 구축하기 위한 기회가 되어야 할 것이다.

실직과 고용유지, 그리고 사회적 대화

현재 코로나19로 인한 경제위기가 당장에 정규직의 고용위기로까지 나타나지는 않고 있다. 일단 기업들이 정부의 고용유지지원금을 활용하여 해고를 자제하는 것으로 보인다. 그러나 사회적 거리두기의 직접적인 영향권 아래에 있는 항공이나 여행, 관광 업종 등은 커다란 고용조정의 압박을 받고 있다. 두산그룹이나 쌍용자동차 등 그동안 경영 사정이 좋지 않았던 기업들도 코로나19 이후의 경제활동 위축으로 인한 고용조정 가능성이 대두되는 실정이다. 글로벌 경기침체가 장기화할 경우 수출 감소에 따라 자동차, 석유화학 등 기간산업 부문의 기업들도 타격을 받게 될 것이다. 정규직 일자리에 대해서도 해고 위험이 증가할 수 있다. 유통업의 경우에도 당장은 배송 관련 일자리와 인력 수요가 증가하고는 있지만 비대면 경제활동이 확산되고 유통서비스의 자동화, 무인화가 심화되면 해고 가능성은 더 높아질 것이다.

이번 위기에는 미국을 제외한 많은 국가가 대량실업보다는 고용유지를 선택하고 있다.[4] 이는 2008년 글로벌 금융위기 이후 근로시간 단축이나 유·무급 휴직과 같은 고용유지 전략이 대량실업 후 재고용 전략(recall unemployment strategy)보다 효과적이었다는 판단에 근거한다. '일시해고 후 재고용 전략'이 결국 해고는 하면서도 재고용하지 않는 기업들의 행위로 귀결되었기 때문이기도 하지만, 이번 코로나19 위기는 자본설비에 대한 직접적 타격보다는 노동에 대한 충격이 가장 강했기 때문이고 노동 충격은 인적자본이나 관계자본의 손실 등의 장기적인 후유증으로 남는다는 것을 지난 글로벌 금융위기 때 확인했기 때문이라고 할 수 있다. 수요 측면의 피해는 화폐·금융정책을 통한 대응이 가능하지만, 공급 측면의 피해는 쉽게 복원되지 않고 장기화할 수 있기 때문이기도 하다. 코로나19 위기의 고용 충격은 단기간에 매우 심대하기 때문에 기업 또는 직업, 업종의 특수한 숙련과 매칭(matching)이 상실되지 않고 보전되도록 할 필요가 있다는 것이다.

기존의 많은 연구가 고용유지 전략이 해고 후 재고용 전략보다 생산과 고용 측면에서 효과적이었음을 밝히고 있다. 유동성 위기가 발생할 가능성이 있는 기업들도 정부지원을 받고 고용유지 전략을 택한 경우에는 위기가 종결된 이후에 회복이 빨랐으며,[5] 저생산성 기업들에 대해 고용유지 지원을 집중했음에도 노동이동의 제약으로 인해 발생하는 구조조정 지연 효과(reallocation effects)는 상대적으로 적은 것으로 나타났다.[6] 특히 코로나19로 인한 위기는 외생적 요인에 기인한 것으로서, 창조적 파괴를 일으킬 것이라는 시장 주도 위기와는 성격이 다르기 때문에 고용유지에 따른 구조조정 지연 효과는 상대적으로 작을 것이라는 판단이다.[7]

한국 정부도 해고를 하지 않고 고용유지를 하는 기업에 고용유지지원금을 1조원 이상 지급했다. 그러나 고용유지지원금 제도를 6개월 이상 지속하기는 어렵다. 경제와 고용 위기가 장기화할 경우 해고의 위험이 현실이 될 수 있다. 국무총리실 주재로 원포인트 사회적 대화가 진행되기도 했다. 노동계는 해고 금지 의무화를 요구했고 기업은 임금·근로시간 조정 등 고용유지를 위한 비용 부담에 대해 노동계의 양보를 요구하여 최종 합의는 이루지 못했다. 코로나19에 기인한 고용위기는 원칙적으로 기업이나 노동자의 책임이 아니다. 바이러스가 완화되거나 백신이 개발되면 고용위기는 진정될 수도 있다. 따라서 정부의 역할이 더 커져야 한다. 적어도 일정 기간 동안 기업은 해고를 자제하고 고용유지 비용은 정부가 크게 부담하는 방식으로 노사정이 합의할 필요가 있다. 물론 노동계도 사회적 책임 차원에서 임금과 근로시간의 조정을 어느정도 수용해야 할 것이다. 고용유지 전략이 해고 후 재고용 전략보다 더 유연하게 작동할 수 있도록 정부가 세심한 지원제도를 설계할 필요가 있다.

한편, 유급병가제도가 비정규직과 자영업자에 대해서는 적용되지 않는 나라는 OECD 국가 중에서 한국과 미국 정도이다. 이는 코로나19 위기 대응에서 명백한 제도적 허점이었다. 비정규직에 대한 차별 시정 조치에 유급병가제도를 포함시키는 제도 개선이 시급하고 복지제도 중에서 아직 한국에 도입되지 않은 상병휴가제도의 도입도 시급히 고려해야 할 것이다.

두고두고 흉터로 남을 코로나 2020세대의 상처

코로나19가 초래한 경제적 상흔은 누구에게 가장 깊이 남을까? 전염병은 중고령층에게 더 큰 위험이지만, 경제위기는 젊은 층에게 더 심각한 위험이다. 청년들이 현재 가장 걱정하고 있는 것을 조사한 인크루트(incruit.com) 조사에 따르면 일자리 걱정이 가장 크다고 응답한 비율이 34.5%로 감염 걱정이라고 답한 12.2%의 거의 세배에 달한다. 실제로 코로나19 위기가 초래하는 미래의 불확실성 탓에 기업들은 채용 중단을 일차적 대응수단으로 하고 있다. 한 조사에 따르면, 주요 기업들의 85%가 채용 중단을 검토하고 있다고 한다.

학교를 졸업하고 사회에 첫발을 내딛는 졸업생과 취업준비생, 그리고 갓 입사한 신입사원들의 충격은 더 클 수밖에 없다. 이들에게 노동시장 진입 시기와 직장에 진입한 첫해는 숙련 형성과 경력 개발, 임금 상승에 매우 중요한 시점이다. 임금을 높이거나 다른 더 적합한 직종으로 이동할 수 있는 시기, 즉 일자리 매칭의 효율을 높이는 시기인 것이다. 이때 경제위기를 겪으면 커다란 타격을 받게 된다. 입직 시 임금이 크게 떨어질 뿐만 아니라 일자리를 선택할 수 있는 기회가 줄어들어 나쁜 일자리 매칭을 강요당한다. 전문가나 학자들도 초기에 일자리 매칭이 좋으면 연구 성과가 좋은 것으로 나타난다.

기존 연구들은 학교를 졸업하고 노동시장에 진입할 때 경제위기를 경험하는 '시대의 불운아'들의 상처가 쉽게 아물지 않고 흉터도 평생 간다는 것을 보여준다. 연구 결과들은 상식적이지만 요약해 보자면 다음과 같다.

첫째, 기존 연구들은 이러한 '시대의 불운'의 효과가 매우 장기에 걸쳐 나타난다는 것을 확인해준다. 학교를 졸업하고 노동시장에 진입하는 시기에 경제위기를 겪은 세대는 그렇지 않은 세대에 비해 10~15년에 걸쳐 임금이 평균 5~10% 적다. 이후 상처가 아물어도 흉터 효과는 평생 지속되며 이는 고용보다는 임금과 소득에서 더 뚜렷하게 나타난다. 생애 소비도 평균 5% 낮아진다. 이러한 상처 효과와 흉터 효과는 고졸 이하 저숙련 청년층에서 더욱 크게 나타난다.

제시 로스스타인(Jesse Rothstein)은 2008년 글로벌 금융위기에 따른 충격의 고용 효과를 단기 효과, 중기의 상처 효과(scar effects), 장기 코호트 효과(cohort effects) 등으로 분해해 분석한 결과 장기

코호트 효과가 크다는 사실을 실증했다.[8] 중기 효과는 상처가 아무는 10년 정도의 기간 효과이며, 장기 효과는 이들이 노동시장에 남아 있는 한 계속되는 효과이다. 경제위기 시 학교를 졸업하고 노동시장에 진입하는 청년층에 대한 장기적이고 누적적인 효과가 중기 상처 효과의 두배에 달한다는 것이다. 즉 노동시장 진입 시의 충격이 장기적으로도 매우 클 수 있다는 의미이다. 이전의 연구에서 경제위기라는 불운의 효과(상처 효과)가 10년 이후에는 사라지는 것으로 알려졌으나 실상은 그렇지 않다는 것이다. 고용뿐만 아니라 임금 측면에서도 경제위기 시기에 노동시장에 진입하는 계층의 임금 손실이 적지 않은 것으로 추정된다.

미국에서도 코로나 세대론이 제기되고 있다. 2008~2009년 글로벌 금융위기의 효과를 분석한 결과를 보면, 위기 이후 10년 동안 밀레니얼세대들의 고용이 회복되었음에도 임금, 특히 연 단위 소득은 회복되지 않았다. 1981~96년 출생한 밀레니얼세대들은 현재 우리나라의 20~30세대이다. 이들은 2008~2009년 글로벌 금융위기 당시 노동시장에 진입한 세대로 소득피크에 다다를 시점에 또다시 타격을 받았다. 지난 3~4월 이들의 일자리 감소율은 16%에 달하여 베이비붐세대(1946~64년 출생)의 13%, X세대(1965~80년 출생)의 12%에 비해서 높은 것으로 나타나고 있다.

영국의 싱크탱크인 'Resolution Foundation'은 「2020년의 계급: 현재 위기하에서의 졸업생들」(Class of 2020: Education leavers in the current crisis)이라는 보고서에서 코로나19 위기로 대졸자의 임금이 향후 2년간 7% 낮아질 것으로 전망했다.[9] 한국의 경우도, KDI 한요셉 박사의 최근 연구에 따르면, 첫 입직이 1년 늦어질 경우 10년 동안 4~8%의 임금 하락을 경험하는 것으로 나타났다. 시대의 불운아들은 눈높이를 더 낮추거나 후배와 경쟁해야 하는 처지에 직면하기 때문이다.

둘째, '불황 졸업자'들은 업무 경력이 미흡하고 독신일 확률이 높아 사회안전망의 지원을 받지 못하는 경우가 태반이다. 그러나 이들에 대한 사회안전망의 지원은 상처를 빨리 아물게 한다.

셋째, 경제위기로 자산 가격이 임금보다 더 떨어질 경우 청년세대에 대한 충격이 상대적으로 더 적을 수도 있고 청년에게 기회가 될 수도 있다. 그러나 '시대의 불운아'들이 경제위기로 자산을 취득할 확률은 높지 않다. 코로나 팬데믹 위기에도 글로벌 자산 가격 하락 현상은 아직 나타나지 않고 있다.

넷째, 대학 졸업자들이 노동시장에 진입할 때 경기침체는 일자리와 소득뿐만 아니라 이들의 정신 상태, 일에 대한 태도, 정치적 선호에도 영향을 미친다. 취업 걱정으로 인한 우울증과 무기력감이라는 '코로나블루' 증상은 청년세대에 더 심하다고 한다. '시대의 불운아'들은 인생의 성공이 노력보다는 운에 좌우된다고 생각한다. 직업 선호 요인 가운데서도 '의미 있는 일'보다는 '벌이(금전적 보상)'를 더 중요시하고 소득을 위해 일의 의미를 포기하겠다는 비율도 더 높다. '일의 의미'는 경제학적 의미에서 가치재(소득이 높아질수록 더 소비하게 되는 재화) 또는 사치재이기 때문에 이에 대한 수요가 경기가 좋지 않을 때 줄어드는 것은 당연하다. 다만 '시대의 불운아'들은 재분배 정책과 좌파 정당을 더 지지하는 것으로 조사되었다. 이들의 정치 성향은 상당한 정도로 왼쪽 또는 포퓰리즘 쪽으로 치우칠 확률이 높다. 10대 후반~20대 초반의 초기 성인기에 신념, 가치, 태도가 결정되고 그 이후 거의 변하지 않는다는 것이 심리학계의 정설이기 때문에 이러한 정치적 선호는 장기적으로 유지될 가능성이 크다.

코로나19가 노동시장에 미치는 1차 충격은 그날 벌어 그날 사는 특수형태근로종사자, 프리랜서, 영세자영업자, 2차 충격은 대기업 구조조정으로 직장을 떠나야 할 40~50대 가장들을 대상으로 할 것이고, 3차 충격이 청년 채용 절벽일 것으로 전망된다. 그런데 이러한 충격은 순차적으로 몰려오기보다도 한꺼번에 몰려오는 듯하다. 그러므로 긴급재난지원, 고용유지 지원, 경기회복을 통한 일자리 창출 등의 정책도 순서대로 추진하는 것이 아니라 하나의 패키지로 집행해야 할 것이다.

코로나19로 인한 경제위기로 당장은 취약계층의 생활과 고용 안정 및 유지에 역량을 집중할 수밖에 없다. 그러나 장기적으로는 코로나 2020세대가 일과 소득뿐만 아니라 정신 측면에서도 상처받은 세대로 남지 않도록 해야 한다. 물론 중장년층의 고용유지와 청년층의 채용이 상충되지 않도록 하는 것은 매우 어려운 일이지만, 이는 코로나19 이후의 노동세계에서 사회적 합의가 필요한 중요한 과제이다. 어느 세대나 '시대의 불운'으로 상처를 받을 수 있다. 다만, '불황 졸업자'들의 상처 효과는 더 깊고 흉터 효과는 매우 길다. 우리 사회가 'IMF 세대'의 흉터에 '코로나 2020세대'의 상처를 안고 가는 것은 매우 큰 부담이다.

우선, 긴급구호에서 정상경제로의 이행 단계로 넘어갈 때 일차적으로 채용지원정책이 필요하다. 채용지원금의 경우 경기부양 효과가 큰 반면, 그로 인한 사중손실(死重損失) 효과가 불황기에는 상대적으로 크지 않다. 신규채용에 대해 사회보험료를 한시적으로 면제하는 보편적 정책과 더불어 특정 계층과 특정 업종에 대해 채용장려금을 지원하는 타개형 정책이 결합되는 방식을 생각해볼 수 있다. 한편, 청년기본소득과 같은 현금 지원도 중요하지만, 청년 자산 형성도, 더 많은 교육과 훈련도, 고용유지와 채용의 균형을 찾아내는 사회적 합의도 필요하다. 불리하게 시작하는 것이 개인의 책임이 아니라는 사회적 컨설팅도 필요하다. 우리는 현실의 어려움에도 장기 시야에서 수많은 재앙을 극복하고 커다란 일을 도모해온 호모 사피엔스 아니던가.

디지털전환의 확산, 재택근무와 언택트 노동

코로나19로 우리의 일상은 커다란 충격을 받았다. 그러나 디지털로 이루어지는 일상은 코로나19 이후 더욱 활발해지고 있다. 아마존, 구글, 네이버, 카카오 등 디지털 기업들의 주가는 코로나19 이전 수준을 넘어서고 있다. 많은 전문가가 포스트 코로나19 시대에 디지털기술의 확산은 더 가속화할 것으로 예측하고 있다. 『글로보틱스 격변』(*The Globotics Upheaval*)의 저자 볼드윈(R. Baldwin)은 막대한 일자리 손실, 막대한 부채 부담, 대규모 디지털전환, 언택트 등 코로나 팬데믹 4대 충격이 '일의 미래'를 바꿀 것으로 전망했다.[10] 원격지능(remote intelligence, RI)과 화이트칼라로봇(사무실의 자동화)이 확산되는 반면, 대면접촉이 요구되는 일자리, AI가 다루지 못하는 일자리 등은 유지될 것으로 전망했다. 『테크놀로지의 덫』(*The Technology Trap*, 한국어판 조미현 옮김, 에코 리브르 2019)의 저자 프레이(C. B Frey)도 역사적으로 불황은 자동화를 촉진했고 전쟁은 불황을 둔화시키는데, 코로나 팬데믹은 전쟁 같은 상황이지만, 불황으로 귀결되면서 동시에 자동화가 촉진될 것으로 전망했다. "소비자들은 대면접촉보다는 자동화된 무인 서비스를 더 선호할 것이고 기업들도 팬데믹에 안전한 방식으로 비즈니스를 재편할 것이다. 화상회의, 원격접속, 협력 소프트웨어(SW)가 일상이 된다. 로봇은 점점 더 정교해지고, 알고리즘의 패턴 인식 능력도 높아질 것이다. 일자리 유지 보조금이 종료될 경우, 자동화는 심화될 것이다."[11]

디지털 공간이 오프라인 공간의 상당 부분을 대체하면서, 일하는 방식에서도 온라인으로 소통하며 집에서 일하는 재택근무(work at home, telecommuting)가 확대될 것이라는 예측이 많다. 코로나19 사태 이전 유럽이나 미국의 경우 노동자의 16~17% 정도가 재택근무를 하는 것으로 알려졌다. 그러나 유럽과 미국 등 많은 국가들의 경우, 봉쇄(록다운)와 사회적 거리두기 과정에서 40%가 넘는 노동자들이 재택근무를 경험했다. 기업들도 재택근무를 임시적 조치가 아닌 항상적 대안으로 생각하기 시작했다. 페이스북은 향후 5~10년간 전체 직원의 50%를 재택근무자로 전환한다고 밝혔다. 1980년대에 이미 앨빈 토플러(Alvin Toffler)가 예견한 '지식 근로자들의 전자 오두막', 재택근무도 확산될 것이라는 예상이다.

재택근무는 생산성 향상과 일-생활 균형에 기여할 것이라고 한다. 니컬러스 블룸(Nicholas Bloom) 등은 중국 콜센터에서 실시한 재택근무가 13%의 생산성 증가를 가져왔다고 실증 분석했고,[12] 마르따 안젤리치(Marta Angelici)와 빠올라 쁘로페따(Paola Profeta)도 재택근무가 기업의 생산성과 종업원의 만족뿐 아니라 일-생활의 균형에도 기여하는 것으로 분석했다.[13] 그러나 재택근무는 근로시간을 늘리는 경향이 있다는 연구도 적지 않으며, 일과 생활을 동시에 할 때 발생하는 스트레스도 적지 않은 것으로 분석되고 있다. 일이 산만해지고, 중단되거나 지연되기도 한다. 일과 생활의 균형이 이루어지기보다는 일과 생활이 분리되지 않기 때문이다.

재택근무는 기업 내, 기업 간 불평등을 심화할 수도 있다. 재택근무는 기업 종사자들을 기업 내에서 자주 보이는 사람과 그렇지 않은 사람으로 계층화할 수도 있다. 재택근무자가 할 수 없거나 미뤄 두는 필수적인 조정 업무나 잔 일감 처리는 온전히 비재택근무자의 부담으로 떨어질 것이다. 재택근무 가능성이 높은 대기업과 재택근무 여지가 없는 중소기업 사이의 격차는 더 벌어질 수 있다. 재택근무는 관계 지향보다는 업무 지향을 강조하여 능력주의를 확산시키고 불필요한 회의나 대면접촉을 줄여 생산성을 높이며 값비싼 사무실 비용을 줄일 수 있으나, 대면접촉에서 오는 창의와 혁신, 그리고 협력을 줄인다는 단점도 있다. 스티브 잡스(Steve Jobs) 말대로 정해지지 않은 시간과 공간에서의 불특정한 만남으로부터 창의성이 나온다. 사람들 사이의 상호작용 속에서 협력이 가능하고 혁신도 그 과정에서 나오며, 이러한 사람들 사이의 상호작용은 작업실에서 이루어진다.

물론 재택근무나 화상회의의 기술과 방식이 진화할 수도 있다. 화상회의에 사회적 요소를 더 추가할 수도 있다. 그러나 사회적 상호작용의 중심지가 사무실이고 여기서 사회적 네트워크가 형성된다. 앞에서 언급한 니컬러스 블룸 등의 연구에서도 자발적 재택근무자의 50%가 결국 회사로 돌아왔다고 한다. 그러나 제시 쇼어(Jesse Shore) 보스턴대학 교수의 실험 연구는 과도한 집단 협업과 높은 수준의 연결성(온라인이든 오프라인이든)이 정보의 탐색에는 효과적이지만, 창의적인 문제 해결에는 부정적이라는 사실을 보여준다. 과도한 접촉이나 접속보다는 짧고 간헐적인 소통이 더 효과적이라는 것이다. 구글의 인적자원관리 담당자로 일했던 Bock는 일주일에 1.5일 정도는 집에서 깊이 있고 집중적인 업무를 하고 나머지는 사무실에서의 협력 작업을 하는 것이 바람직하다고 했다.[14] 코로나19 이후의 노동세계에서는 작업장 근무와 재택근무의 혼합 균형을 찾는 것이 필요해 보인다.

『언컨택트』의 저자 김용섭은 2020년은 우리 사회가 과잉 컨택트를 지나 적정 컨택트로 가는 중요한 분기점이라고 주장한다. '빨리 빨리'와 '끈끈함'이 이종교배된 한국사회가 생산성 신화와 일중독에서 벗어나는 계기가 될 수도 있으며, 상사와 부하, 선배와 후배 사이에 작동하던 작업장 내 권력관계도 변할 수 있다고 본다. 재택근무에 대해서도 기성세대는 불편해하고 젊은이는 속으로 웃을 수 있다. 물론 젊은 층 내에서도 거리두기를 두려워하는 부류(Fear of Missing-Out, FOMO)와 즐기는 부류(Joy of Missing-Out, JOMO)가 있을 수 있겠지만, 기업 내 권력과 통제 관계는 상당히 바뀔 수 있다.[15]

접촉이 줄어도 접속은 확대되고, 상사나 관리자 들은 직원들과 수시로 접속하고 싶어한다. 재택근무를 하더라도 '무언가 항상 켜져 있는 생활'(always-on-life)이 24시간 지속될 수 있다. 더욱이 디지털기술의 발전은 온라인 감시를 더욱 강화할 수 있는 기술적 토대가 된다. 회사는 개인에 대한 더 많은 데이터를 확보하려고 할 것이고 인공지능과 결합된 디지털 감시-통제 시스템이 강화될 수도 있다. '보이는 관리'는 줄어도 디지털 통제는 심화될 수 있다. 그러나 디지털 감시-통제가 무조건 기업의 효율성과 노동자의 만족도를 높인다고 보기는 어렵다. 근무시간 외에는 상사와 '연결되지 않을 권리'도 보장되어야 한다. 통제 기반의 시스템을 진정한 자율 기반의 시스템으로 전환하기 위한 핵심은 회사와 종업원의 신뢰 수준을 높이는 것이다. 일하는 장소가 어디든, 통신과 소통 방법이 접촉이든 접속이든 노사 간의 신뢰를 유지하는 것이 여전히 기업 생산성과 개인의 만족을 동시에 높이는 핵심 요소이기 때문이다. 일에 대한 권력과 통제를 일에 대한 신뢰로 전환하는 것도 코로나19 이후 '일의 미래'의 과제이다.

코로나19 이후의 학교생태계는 어디로 가야 하나

이하나

* 이 글은 『창작과비평』 통권 189호(2020년 가을)에 게재된
「코로나19 이후의 학교생태계는 어디로 가야 하나」를 수정·보완한 것이다.

학교를 둘러싼 생태계

우리 집 바로 옆에는 중학교가 있다. 여기는 1기 신도시다. 아이들은 학교에 들어가기 전에 편의점에 들른다. 두개의 중학교가 붙어 있는 곳에는 아침마다 줄이 길다. 문구점도 분식집도 학교 안 매점도 모두 사라진 도시에서, 편의점에는 아이들이 필요한 게 다 있다. 대부분의 아이들이 초등학교는 걸어서 다니지만 중학교부터는 버스를 타고 노선이 적을 경우 부모들이 학원 셔틀버스를 임차해 아이들을 태워 보낸다. 아이들이 학교에 들어서면 자원봉사자나 임시 계약직인 사람들이 통학로를 지켜준다. 녹색어머니, 학교에 고용된 지킴이, 학교 앞 태권도장의 사범들이다.

아이들이 수업을 시작하면 급식을 위한 노동이 시작된다. 식자재가 도착하고 급식노동자들이 밥을 준비한다. 학교에 필요한 물품이 들어오고 고장난 기물을 고치는 기사들이 드나든다. 필수적인 응급처치, 소방훈련, 성평등교육, 인성교육, 민주시민교육, 예술교육을 위해 외부강사들이 학교에 온다. 방과후교사와 돌봄교실교사도 있다. 이들은 대다수가 비정규직이다. 교사들은 아이들이 떠나면 교실을 정리하고 공문도 처리하고 내일의 수업도 준비하고 교육청 연수도 간다. 초등학교의 일과는 4시 반에 끝나고 중고등학교는 그보나 조금 더 늦게 끝난다. 아이들은 학교를 떠나 학원으로 간다. 학원에 안 가는 아이들은 극소수인데, 개인의 경제적 형편과 돌봄 상태에 따라 하교 후 시간의 질은 천차만별로 달라진다.

공교육으로 일컬어지는 학교에는 지난 20년간 공무원 외 비정규 노동자의 품이 점점 더 많이 들어갔다. 지역사회는 학교를 떠받치고 있다. 어떤 집단은 학교를 이용하고자 하고, 어떤 집단은 소리 없이 노동만을 제공한다. 각 집단이 학교를 어떻게 바라보느냐에 따라 학교가 이용만 당할 수도 있지만, 학교의 관점에 따라 이 관계가 쉽게 끊어질 수도 있다. 결정권은 학교에 있기 때문이다. 아이들의 하루와 학교를 둘러싼 노동은 누군가의 생계가 된다. 이 노동이 2020년 봄에 끊겼다.

정말 코로나19 이전으로 돌아가고 싶은가

감염병의 유행으로 수개월간 공공기관이 폐쇄되고 상거래의 형태가 바뀌고 모임이 줄어들었다. 그간 사람은 마치 생물 가운데 우위에 있는 존재인 것처럼 굴어왔다. 그러나 사람과 사람이 만나는 일을 최소화하자는 방역지침은 한 사람이 존엄한 인격체일 뿐 아니라 바이러스를 옮길 수 있는 숙주이며, 그 존재 자체가 화학반응을 일으키는 생물이라는 것을 각인시켰다. 한 사람이 말을 할 때 뿜어대는 침방울이 얼마나 많은지가 친절한 그래픽과 함께 알려졌다. 우리가 신체의 다양한 증상을 스스로 통제하기 어려운 생물이라는 점이 더욱 선명해졌다.

사회적 거리두기라는 낯설고 어색한 표현을 쓰면서, 어쨌거나 다들 사람과 사람 사이에 거리를 두고 신체접촉을 최소화하자는 사회적 합의에 도달했다. 공간의 문제를 먼저 살펴본다면 그동안 우리는 최소 면적에 최대 용적률을 갖추기를 지향하며 '더 많이, 더 크게'를 목표로 삼아왔다. 만원버스, 콩나물시루 같은 지하철은 도시민이 겪어야 하는 일상이었다. 대중교통이나 붐비는 고속도로 휴게소 화장실에서는 '밀지 마세요'라는 말을 해야 할 정도로 개인의 공간을 확보하기가 어려웠다. 여유로운 문화생활을 위한 곳이어야 할 박물관과 전시장은 제한 없이 입장객을 받아서 방학이 되면 어떤 곳은 관람이 불가능할 정도로 사람으로 미어터질 지경이었다. 정부기관도 행사를 벌일 때마다 대규모 집체교육을 목표로 했다. 공기관은 양적 평가, 즉 전체 예산을 참가자 수로 나눠 1인당 얼마짜리 교육과 행사를 했느냐를 지표로 삼아 담당자의 업무능력을 평가해왔다. 수도권에 집중된 인구밀도를 탓하면서도 수도권의 방식을 그대로 전국에 적용했다. 주어진 공간이 널찍해도 다닥다닥 붙어 앉는 것은 당연한 일이었다. 이 기준은 정부의 지침을 따르는 학교에도 고스란히 전해졌다.

학교는 일제강점기에 시작된 교실의 대형 그대로 백여년을 버텼다. 지난 십여년, 혁신교육으로 모둠활동 중심의 자리 배치로 바뀌었지만, 시험을 볼 때는 앞뒤와 상하관계가 분명히 구분되는 대형으로 돌변한다. 70명씩 빽빽하게 앉은 교실이 익숙한 기성세대에게 한 반에 30명이라는 숫자는 아주 여유로워 보이지만 그렇지 않다. 지금의 교실은 예전보다 더 복잡하다. 수업 시간과 쉬는 시간에 사용하는 비품이 교실 안에 가득하다. 교과서는 예전에 비해 크고 무거워서 아이들이 매일같이 가방에 넣고 다니기 어렵다. 활동 위주의 수업이 많아져 교사들은 수시로 책상 배열을 바꾸기도 한다. 게다가 학교도 양극화를 달리고 있다. 어떤 학교는 한 교실에 30명이 넘도록 빽곡하고 어떤 학교는 절반이 빈 교실이다. 지역사회와 정치인들은 이 빈 교실을 어떻게 차지할 수 있을지 고심한다.

학생 수가 줄어들었다는 이유로 교육당국은 교사의 숫자도 줄여

나갔다. 임용을 기다리는 청년 예비교사들은 매년 적체되어 기간제와 계약직으로 내몰렸다. 몇년 전부터 수업시수가 적은 중고등학교의 일부 과목 전담교사는 1개 학교에 적을 두고 시수를 맞추기 위해 두세개 학교에 파견 형태로 수업을 간다. 경기도의 경우 학교복지사와 상담사도 학교 두곳을 번갈아가며 출근한다. 이처럼 교육당국은 업무의 대상인원이 줄어드는 사람들에겐 할당된 일 자체를 늘렸다.

학교는 혁신교육을 하겠다면서도 아이들을 평가할 기준을 마련하느라 바빴다. 아이들이 행복한 학교를 만들고자 해도 절대 포기할 수 없는 것은 대학입시다. 학년이 높아질수록 학교는 교육기관이기보다 평가기관의 정체성을 더 드러낸다. 학교를 둘러싼 모든 공익활동은 입시 앞에서 한방에 무너진다. 이것이 코로나19 이전 우리 교육의 현실이다.

코로나19 이후, '블렌디드 러닝'이라는 낯선 이름

코로나19의 수도권 감염 확산으로 경기도는 각 학교의 학생 중 3분의 1만 등교하도록 했다. 온라인 수업과 등교수업을 병행하는 것이다. 교육부와 경기도교육청에서는 '블렌디드 러닝'(blended learning, 온라인 교육과 오프라인 교육을 다양한 방식으로 접목하는 방법론)이라는, 외국 교육이론에서 사용하는 명사를 그대로 가져와 가정통신문에 붙였다.

등교수업의 경우 개인에게 보장된 공간은 넓어졌으나 여유시간은 줄어들었다. 체육복 갈아입을 시간이 주어지지 않거나 화장실 갈 시간도 빠듯하다. 자리에서 일어나는 순간 접촉이 일어난다는 것을 잘 아는 교사들은 아이들이 책상을 벗어나 돌아다니는 시간이 위험하다고 판단했다. 초등 저학년은 급식을 먹고 갈지 집에 바로 갈지 고를 수 있고, 고학년부터는 학년별로 따로 밥을 먹게 되어 공간은 늘어났지만 자유시간은 책상 앞 의자에 앉아 있을 때만 허용된다. 등교개학을 하되 아이들을 분리해 거리두기를 유지한다는 방침은 평상시의 학교는 감염병에 속수무책일 수밖에 없다는 방증이기도 하다.

며칠 전 한 학급의 아이들이 15명씩 나뉘어 격일제로 등교하는 초등학교에 수업을 다녀왔다. 한 반에 15명만 앉아 있으니 썰렁하고 모둠활동을 못하게 되었지만, 아이들이 말하는 것을 듣고 대답해줄 수 있는 여유가 생겼다. 한 교실에서 질문을 하거나 자기 의견을 많이 말하는 아이들은 대체로 20~30% 정도다. 한 반이 30명이면 예닐곱명의 아이들이 손을 들고 발표하려고 하는데, 시간상 절반은 묵살되거나 뒷전으로 밀릴 수밖에 없었다. 교사나 외부강사도 "시간이 없으니 일단 이걸 하고 이따가 얘기하자"라고 말할 수밖에 없었다. 그러나 15명이 앉아 있으니 서너명의 아이가 자기

의견을 말하는 것을 다 듣고 대답해줘도 괜찮았다.

15명 아이들은 모두 마스크를 쓰고 있었다. 내가 정말 학교에서도 마스크를 안 벗느냐고 물었더니 "그러면 선생님은 마스크를 벗을 때도 있어요?"라는 질문이 돌아왔다. 교사도 내내 마스크를 쓰고 있다. 아이들은 낯선 사람인 나를 보자 온라인 수업이 재미없고 힘들고 과제가 많고 학교가 답답하고 친구들도 없어서 신나지 않고 등등 그동안 한번도 말해보지 못한 것처럼 불만을 쏟아냈다.

나와 한집에 사는 중학생은 순차적 등교가 시작된 지 몇주가 지나자 "학교에 다녀야 하는 합당한 이유를 말해보라"고 나를 다그쳤다. 이 학생은 밤 12시가 넘으면 교사들이 당일 과제를 업로드한다는 걸 파악한 다음부터 새벽 2시까지 과제를 마치고 그날 온라인 수업 중에는 게임을 했다. 등교수업에서는 내내 수행평가만 하고 돌아와 오후가 되면 학원에 갔다. 기말고사를 앞두고 학원에서 학교 시험을 준비했다.

아이들의 사정은 교사들도 잘 알고 있다. 연초에 약속되었던 중고등학교 특강 수업이 있었다. 교사들은 나 같은 외부강사들을 초빙해놓고 수업 시간을 잡지 못해 답답해했다. "아이들이 학교에 앉아 있는 것만 해도 힘들어하는데, 나오는 날은 수행평가만 하다 가니 교과 외 수업을 하자고 말하기도 어렵다"라고 했다.

3월 개학이 연기에 연기를 거듭한 끝에 온라인 개학이 결정되자, 교사들이 아우성을 치기 시작했다. 2020년 봄의 학교는 온라인 수업을 할 수 있는 그 어떤 여건도 갖추지 못한 상태였다. 경기도를 기준으로 말하자면, 초등학교 교실엔 모두 TV 화면과 연결된 컴퓨터가 있지만, 구입한 지 십년 넘은 것들이 수두룩하다. 필자의 경험으로도 어떤 컴퓨터는 USB 인식이 되지 않아 준비해 간 강의교안을 열지 못해 시간을 허비한 일도 있다. 공기관이기 때문에 최저가나 중소기업 제품만을 사야 하는 경우도 있다. 경기도는 모든 프로그램이 한글과컴퓨터를 기반으로 하고 있어서 외부강사가 마이크로소프트의 파워포인트를 사용해서 만들어 간 강의자료는 잘 작동하지 않을 때도 있다. 구글은 접속이 안 되고 네이버 밴드, 카카오톡, 다음이나 네이버의 접속도 막혀 있는 곳이 많다. 와이파이는 교무실에만 한정되어 있거나 비싼 기자재가 설치된 스마트 교실에서만 쓸 수 있다. 공공기관의 이메일은 모바일 접속이 불가능하다. 교사들은 메일을 잘 사용하지 않고 통합전산망의 메신저로 업무를 처리한다. 불과 2019년까지만 해도 일부 교육청에서는 수업 시간에 유튜브를 사용하지 말라는 경고를 하기도 했다.

형편이 이렇다보니 온라인 개학 추진 이야기가 나오자마자 학교 사정을 잘 아는 사람들은 '불가능하다'고 고개를 저었다. 그러나 교육당국은 온라인 개학을 위해 포털사이트와 카카오톡, 네이버 밴드의 접속 제한을 풀었고, 더러는 구글도 접속이 가능해졌다. 한 학기 동안 불안정한 서버에서 과제 제시와 제출만으로 이루어지던 온라인 수업은 이제 2학기부터 쌍방향 수업으로 전환될 준비를 갖쳤다.

사실 학교보다 더 빨리 온라인 수업으로 대체한 곳은 도시에 있는 대형 학원이었다. 아이들이 수업에 나오지 않으면 매월 임대료를 감당할 수 없고, 강사들의 생계도 위험해지는 급박한 상황에 처했기 때문이다. 대형 프랜차이즈 학원의 강사들은 구글 미트와 줌, 카카오톡 라이브 채팅까지 총동원해 학교보다 훨씬 앞서 온라인 수업을 진행했다. 이런 학원을 다니는 아이들은 온라인 도구에 대해 접근 환경도 월등히 좋고 적응도 빨랐다. 마을 골목에 있는 작은 학원들은 단순히 공부만 시키는 기관이 아니라 오래전부터 마을 돌봄의 역할을 대체해온지라, 학부모들은 아이들이 학교도 가지 않는 마당이니 아이들을 계속 돌봐주길 더욱 바랐다. 학원들은 난색을 보이면서도 나름의 방법대로 꾸려나갔다. 학원이 돈벌이에 혈안이 되어 있다는 이야기는 일부는 비난이지만 일부는 고마움이다. '학원에서 도와주기만 한다면' 아이를 맡기고 일터로 나가야 하는 양육자가 수두룩하다.

온라인 개학을 위해서는 모든 아이가 각자의 기기를 가져야 한다. 도구 수급 문제는 학교와 교육당국이 기기를 빌려주고 데이터까지 제공해주면서 어느정도 무마가 되었다. 그러나 혼자 접속하고 읽고 링크를 타고 들어가 댓글을 남기고 인증샷을 보내는 것이 어려운 학생들은 여전히 누군가의 도움이 필요하다.

교사들이 일선에서 겪는 고충도 크다. 등교개학이 시작된 다음

교사들은 온라인 수업안과 등교 수업안을 동시에 만들었다. 연초에 만들어놓은 교육안은 모두 뒤집어엎었다. 학교의 교육안은 도입, 전개, 결론으로 나누어 오분 십분 단위로 계획하는데 이것을 모두 초기화했다. 온라인 수업 첫날에는 곳곳에서 서버가 다운되었다. 순조롭게 첫날 온라인 수업을 진행했다는 곳은 한군데도 없었다. 교사들은 아침 등교 전에 아이들의 자가진단 기록을 체크하고 등교정지 여부를 결정한다. 온라인 수업일 아침에 출석체크를 안 하고 늦잠을 자는 아이들에겐 일일이 전화를 걸어 깨운다. 교사들은 교안을 짜는 것 외에 수많은 서류를 처리해야 했다. 교육부는 코로나19 이후 한달을 '공문 없는 달'로 만들어 교사들의 행정업무를 줄여주겠다고 했다. 교육당국이 "우리 교사들은 전세계에서 최고로 유능한 사람이니 온라인 병행수업도 잘해낼 것"이라고 하거나 "학교가 방역의 최전선"이라고 하거나 반대로 "일 안 해도 월급 받는 사람들"이라고 할 때마다 교사들은 분노했다.

일각에서는 이들의 엄살이 심하다는 비난도 있었다. 이들은 학창 시절 손꼽히는 우수한 학생이었고 전문적인 고등교육을 거쳐 교사가 되었다. 하지만 어느 때부터인가 교사들은 자기가 배운 것과 무관한 다양한 잡무를 처리해야 한다. 학교는 교육부와 광역자치단체의 교육청, 그 하부조직인 기초단체의 교육지원청 등으로 이루어진 상하구조의 맨 아래에 위치한다. 진보교육감들이 광역교육청의 수장을 맡으면서 기초단체의 교육청은 '지원'조직이 되어야 한다며 이름을 바꿨지만 그럼에도 교육지원청과 학교가 수평적 관계를 유지한다고 자신할 수 없다. 학교에서 문제가 일어나면 학부모들은 교사를 대면하지 않고 교장이나 관할 교육지원청에 민원을 넣는다. 더 빠른 해결을 원하는 학부모는 광역교육청에 연락한다. 광역자치단체의 의회로 쫓아가는 경우도 봤다. 일반 시민도 학교는 상하관계가 명확한 조직이라 기관장이나 상위기관이 일개 학교나 그에 소속된 교사를 처벌할 수 있다고 확신하기 때문이다.

방역과 안전 우선의 결과

학교가 중단되자 우리 사회가 얼마나 학교에 의존하고 있는지 드러났다. 가정에서는 아이들을 돌봄교실에 보내지 못하고 그렇다고 마냥 데리고 있을 수도 없어 육아전쟁이 벌어졌다. 온라인 학습을 혼자 할 수 없는 어린 아이들을 두고 출근해야 하는 집은 낯선 사람을 들이기 어려워 온 가족을 총동원했다. 늦잠 자는 중고등학생을 둔 학부모들은 출근길에 계속 전화를 걸어 아이를 깨운다.

학교도 그렇지만 도서관과 복지관은 시민의 생활에서 허파와 같은 역할을 한다. 특히 장애인과 노약자처럼 사회접촉면이 좁은 사람들에게 공공복지시설은 이제 없어서는 안 될 요소가 되었다. 그런데 국내 감염자 숫자가 치솟으며 학교를 포함한 공공기관이 먼저 문을 닫아버렸다. 코로나19로 인해 취약계층은 사회생활을 유지할 수 있는 사람들보다 더 심하게 고립되었다. 개인의 고립은 공동체의 안녕을 해치게 된다. 개발과 성장을 중시하는 자들에게는 공동체의 안정이 깨져서 발생하는 사회적 비용을 제시하면 된다. 가진 자들에게 공공기관은 서류를 떼러 가거나 자기 영향력을 발휘할 수 있는 곳일 뿐이다. 공공기관의 각종 위원회에 들어가 의견을 낼 수 있는 사람들은 그 기관에서 개인공간을 보장받으며 주차증도 무료로 받는다. 하지만 발언권이 없는 시민들은 공공기관의 이용자에 불과하다. 공공기관의 존폐 여부에 대한 의견을 낼 수 없는 시민들이 정작 기관이 문을 닫으면 생활에 막대한 영향을 받는다. 방역이 최우선이라는 국가방침에 따라 공공기관에 돌봄을 의탁하던 개인과, 공공기관 일자리로 생계를 이어온 이들은 각자도생의 길을 찾아야 했다.

공공기관에 돌봄을 의탁하던 이들은 주로 취약계층이다. 특히 학교를 비롯한 공공기관에서 돌봄과 성장의 기회를 제공받던 장애 학생들은 완전히 방치되다시피 했다. 장애 학생을 둔 가족은 생업을 중단하기도 했다. 학교도 복지관도 문을 닫아버렸기 때문이다. 가족과 함께 사는 장애 학생이 활동보조를 받는 일은 불가능하다. 장애 학생들은 기관에서 치료와 재활, 교육을 받는다. 이들의 일상은 끊임없는 훈련이 필요하기에 장기간 생활 훈련이 중단되면 그동안 이들이 배운 게 쉽게 무너진다. 게다가 반복되는 일상에서 안정을 찾는 자폐 학생의 경우 어느날 갑자기 일상이 뒤집히면 스트레스를 많이 받는다. 감염병의 확산은 예측하기 어렵긴 하지만 풍부한 데이터를 가지고 있는 국가가 수개월의 장기전 속에서도 대책을 세우지 못하는 동안 장애 학생들의 가족은 기관이 문을 이번 달에 열려나 다음 달에 열려나 하며, 한숨으로 시간을 보냈다. 활동보조서비스의 주체인 국가는 비상시 장애 학생의 온라인 수업을 도울 수 있는 긴급서비스를 갖추고 있어야 한다. 그러나 행정은 장애 정도의 점수에 따라 서비스를 제공하므로 복잡한 절차를 처리할 시간이 필요하다. 그런 상황 속에서 장애 학생뿐 아니라 성인 장애인, 노인들도 갈 곳이 없어졌다.

대표적 공공기관인 학교는 언제나 '안전 최우선'에 목소리를 높여왔다. 그러면서 지역에서 주차장이 필요하면 학교 지하를 뚫어버린다. 학교로 향하는 통학로는 한쪽 편에만 인도가 있는 경우도 있다. '안전 최우선'이라면 안전을 보장할 수 있는 장치를 만들고 방해 요소를 제거해야 함에도, 학교를 비롯한 공공기관은 문을 닫는 것으로 안전을 확보하려 한다. 코로나19 확산으로 공공기관이 우선적으로 문을 닫아버린 것은 공공기관이 생각하는 안전의 방법이 그뿐이기 때문이다. 공공기관은 의지만 있다면 다른 조직의 지원을 받을 수 있는 막강한 권력을 가지고 있다. 마스크 생산회사에 협조를 구해 시중가보다 저렴하게 구매할 수 있고, 자원봉사 조직과 사회단체 회원들을 동원해 필요한 곳에 사람을 배치할 수 있다.

개인이 감당할 수 없는 예산도 우선적으로 확보할 수 있다. 이렇듯 많은 대책을 마련할 수 있는 공공기관이 감염병 확산 국면에서 방역방법으로 택한 것은 오직 폐쇄였다. 문을 닫아버리면 아무것도 책임지지 않을 수 있다. 공공기관이 사회 최전선에서 돌봄이 필요한 모두의 방역책임을 지고 모범이 되어야 하지만, 결정권자들은 문을 닫는 것으로 안전하다고 말했다. 무책임하다.

또한 공공기관이 운영됨으로써 먹고살았던 이들은 생계가 끊겼다. 학교의 경우 대표적인 관련 직군이 방과후교사와 급식노동자다. 급식노동자의 문제는 순차적 개학을 하며 어느정도 해소되었지만, 학교가 열려야 생계를 유지할 수 있는 방과후교사와 외부 특별강사들의 문제는 등교가 무한정 연기되며 아직도 대책이 없다. 방과후교사 노조가 수차례 기자회견과 인터뷰를 통해 문제를 제기하자 당국에서는 방과후교사나 학교 전담 강사들을 방역지원 인력으로 단기 채용했으나 이것은 원래 그들의 일은 아니다. 사실 방과후교사들의 정규직 채용 요구는 몇년 전부터 제기되었다. 2019년 노조도 만들어졌다. 방과후교사 노조는 지금도 각 교육청을 돌며 피켓시위를 계속하고 있다. 7월부터 각 학교의 재량에 따라 외부강사도 다시 교과시간에 수업할 수 있게 되었고 돌봄교실이 재개되었지만 방과후수업은 아직까지도 예정된 일정이 없다. 방과후교실은 한 교실당 15명 이내로 수업이 진행되기 때문에 학생들이 서로 거리를 둘 수 있지만, 교육당국이 수업을 재개한다는 소식은 없는 것이다. 학원도 모두 정상수업을 하는 마당에 이것만 재개하지 않는 것은 교육청의 무책임이라는 게 노조의 입장이다. 이쯤 되면 교육당국이 말하는 안전과 방역에 기준이 없다는 게 분명하다.

학교공동체는 어떻게 작동했나

혁신교육이 시작된 이후 교육당국은 '한 아이를 키우는 데 온 마을이 필요하다'라는 표어를 내걸고 지역과 함께 아이들을 길러나가겠다고 선포했다. 당국은 아이를 '키운다'라고 표현했다. 그러나 학교교육은 돌봄의 영역이 아니라고 선을 그으며 지역사회와 연계하는 마을교육공동체를 지향한다고 말한다. 마을의 자원을 학교로 흡수하겠다는 것인지, 학교가 마을로 나아가겠다는 것인지도 모호하다. 학교와 지역이 말하는 교육공동체란 각자 필요할 때 도움을 요청할 테니 협조해달라는 말로 들릴 때가 많다. 학교는 자신들이 필요할 때 지역사회에 무상노동을 요청하고, 마을은 정책을 쉽게 펼치고 싶을 때 학교를 발판 삼으려 한다. 혹자는 학교는 평가받기 위해 가는 곳이고, 학원은 그 평가를 준비하기 위해 가는 곳이라 한다. 그렇다면 학교는 대체 뭘 하는 곳일까. 현실을 고려한다면 마을과 함께하는 교육은 평가의 비중이 낮은 초등학교에서만 실천할 수밖에 없고, 중학교부터는 평가에 집중해야 하는 것인가?

사회구성원 중 대부분이 학교를 다녀봤고, 가족을 학교에 보냈거나 보내고 있으며, 학교가 문을 닫자 생활에 지장이 발생했는데도 불구하고, 아무도 학교를 향해 의견을 낼 수 없다. 학교는 교육 전문가 집단의 영역이라는 관념이 성채를 이루어 일종의 경계를 치고 있다. 병원이 그렇듯 비전문가가 의견을 제시하면 안 되는 성역처럼 폐쇄적인 의사결정 구조를 가진 것이다. 그러나 병원도 최근엔 시민의 건강할 권리가 강조되면서 상식적 시민의 참여가 필요하다고 의식의 전환이 이루어지고 있는 것처럼, 학교 또한 상식을 가진 시민 누구라도 의사결정에 참여할 수 있어야 위기가 좀더 쉽게 타개될 수 있다.

학교에서는 수십 명의 교사와 그에 연관된 사람들이 각자의 분야에서 협력은 하되 소통 없이 일한다. 아이들에게 민주주의를 가르치고 '우리 학교의 주인은 누구인가요?'라고 물으면 아이들은 '바로 우리!'라고 대답하지만, 실제 학교의 주인은 교사들이다. 학교의 모든 일은 교사들이 논의하고 결정하고 수행하며, 학생들과 학부모에게 통보한다. 혁신교육 이후 학교는 학생, 교사, 학부모 삼위가 동등한 교육공동체를 지향한다고 말한다. 하지만 이 세 계층은 모두 자신들이 약자라고 말하는 동시에 상대방이 더 강자라고 주장한다. 물론 결정권은 대체로 교사들이 갖는다. 관리자라 부르는 교장과 부장급 교사들의 의지에 따라 학교 문화는 놀랍게 변화한다. 학교는 가장 비민주적인 방식으로 민주주의를 가르치는 모순

덩어리다. 학교를 둘러싼 구성원들은 각계각층에 연결되어 있고, 개인의 이권과 욕망이 학교에서 충돌한다. 결정권을 쥔 학교는 혼자 고민한다. 상급기관은 언제나 학교를 다그친다. 학교는 언제나 바쁜 사람들이 빠르게 결정하고, 학생을 포함한 모두가 숙의의 시간을 가질 수 없다.

2013년 경기도를 시작으로 학부모회가 정식 기구로 인정받는 흐름이 만들어졌다. 이후 여러 지자체별로 학교운영위원회 외에 학부모회를 제도화했지만 사실상 학부모회가 독립기구로 인정받으려면 자치력이 필요하다. 그러나 학부모회를 조직하는 주체가 학교다보니 학부모회는 학교운영위원회의 하부조직처럼 여겨지거나 학부모 동아리 수준에 머무르고 있다. 그런가 하면 2006년 민주노동당 최순영 국회의원은 교내 자치기구를 만들고 이들 기구가 법적 권한을 갖는 학교자치법안을 발의한 바 있다. 하지만 아직까지도 학부모회와 학생자치회 외에 교사기구나 교사 외 교직원, 교사 외 비정규직들이 의사를 표현할 기구는 전혀 없다.

학교를 둘러싼 의사결정이 어떻게 이뤄지는지 가장 잘 보여준 사례가 코로나19 이후 이루어진 '급식꾸러미' 배송이다. 아이들이 학교에 가지 않자, 급식용 식자재를 공급하던 농부들은 판로가 막혔다. 지자체와 교육청이 뜻을 모아 급식비 예산을 활용해 각 학생들의 가정에 급식꾸러미를 보내기로 했다. 수개월간 급식이 제공되지 않았으니 식재료로 보내자는 결정은 지자체와 관할 교육지원청과 광역교육청이 내렸다. 학교는 학부모들에게 설문조사지를 보내 의견을 물었다. 이것이 지금 학교현장에서 말하는 '민주적 절차'다. 급식에 얽힌 이해관계자는 예산의 주 출처인 지자체와 학부모만이 아니다. 식재료의 생산자와 공급자, 급식노동자, 각 학교, 교육지원청과 교육청이 있고, 무엇보다 급식을 먹는 아이들이 있다. 급식꾸러미에 관해서 아무도 아이들의 의견을 묻지 않았다. 아이들을 스스로 밥을 해 먹을 수 없는 존재로 확정하고 학부모가 밥을 해줄 사람이라 예단했다. 각 지방정부는 급식꾸러미 사업을 큰 성과로 포장하고 보도자료를 배포했다. 그러나 경기 일부 지역에서는 보관과 배송이 용이한 발효식품이나 쌀 같은 물품들로 꾸러미가 채워져 실제로 식자재 공급자들에게는 별 도움이 안 됐다. 서울의 학부모들도 생우엉과 말린 시래기를 받고 당황했지만, 국가로부터 처음 먹거리를 받아본 만큼 이게 어디냐며 비합리적 절차를 이해하려 했다. 수십만 학부모가 식재료 꾸러미 외에 남은 금액을 사용하기 위해 생전 처음 농협몰에 가입했다. 모두의 취향을 맞출 수는 없으나 적어도 당사자들이 의견을 교환하는 자리는 마련되었어야 한다. 학부모 입장에서 이번 꾸러미 배송은 준다니 받는 것이고, 당국 또한 시혜성 복지를 겨우 실천하는 모양새가 되었다.

모두가 겪어보지 못한 위기 상황에서 의견을 모으고 숙의를 거쳐 각자의 형편에 맞춘 더 나은 방법은 찾아볼 시도도 하지 못했다. 학교는 개인 간의 거리가 가까워 방역에 취약했고, 어떤 사안에서도 그간 교육당국이 주장해온 '마을교육공동체'가 논의에 참여하지 못했다. 십여년간 교육당국이 외쳐온 '마을교육공동체'는 비전문가라는 이유로 학교 뒤로 밀려났다. 등교개학 여부가 발표되기를 기다리며 모두 교육부장관의 입만 쳐다보고 있었다. 7월 7일 전국시도교육감협의회장인 세종시 최교진 교육감은 EBS 뉴스 인터뷰를 통해 '가장 민주적인 학교가 위기에도 강하다'라는 입장을 공식화했다. 그는 '각 학교의 다양한 상황을 중앙집중적으로 총괄하는 것은 불가능하며, 학교공동체의 민주적 소통과 자율적 결정이 위기를 극복하는 데 큰 힘이 되었다'고 밝혔다. 그런데, 학교공동체는 과연 누구를 말하는 걸까?

마을교육은 무엇을 할 수 있었나

한 아이를 키우기 위해 온 마을이 필요하다는 표어 아래, 공동육아와 품앗이 교육으로 시작된 마을교육은 꽤 오랜 시간 독립적으로 성장해왔다. 마을교육이 시작되었을 때는 자발적으로 모여 서로의 노동력과 경제력을 나누고 보탰다. 지역공동체가 함께 아이들을 키운다는 생각에 학교도 마을교육공동체를 표방했고 교육을 책임지는 정부기관들도 이에 동참했다. 그러나 마을활동이 정부 주도로 넘어가면서 마을만들기라는 명칭이 생겼고, 사회적기업 인증

제, 협동조합 장려와 더불어 수많은 공적자금이 마을에 뿌려졌다. 수많은 공모사업이 생기며 정부 예산을 받으면서 그 운영자와 수혜자가 분리되었고 마을활동가들은 행정문서 처리에 능숙해졌다.

공모사업은 독약이라는 자성도 있었으나, 서류를 잘 쓰면 일년에 수천만원도 받을 수 있는데 이를 대체할 수 있는 자본은 마을에 없었다. '돈이 있으면 더 많은 것을 할 수 있다'는 논리에 아무도 토를 달지 않았다. 이제는 돈 없으면 없는 대로 하는 게 아니라, 누구를 찾아가서 호소하고 압박할지, 어떤 구상으로 계획서를 잘 써야 예산을 따올 수 있을지를 궁리하게 되었다. 정부의 정책기조를 귀 기울여 듣고, 담당공무원이 원하는 성과가 무엇인지 따지기도 한다. 마을은 정부의 돈을 받는 대신 담당공무원의 관리감독을 받고 연내에 사업을 종결해야 하며, 해마다 연초에는 사업을 진행할 수 있을지 선택받는 위치에 놓였다. 능력 있는 실무자가 있는 공동체는 정책기조를 정확히 읽고 담당 공무원과 공모사업 심사위원들이 마음에 들어 할 만한 기획안을 만들어 몇년 연속 사업을 진행할 수 있다. 그러나 트렌드에 맞추지 못하거나 서류를 잘 꾸미지 못하는 공동체는 사업선정에서 탈락되었다. 대다수의 마을교육공동체 사업을 시민단체라는 조직이 맡아서 진행하다보니 어설프게 아는 주민들은 '시민단체가 정부자금을 받으니 돈 걱정이 없다'며 자립기금 모금에 인색하고, 어떤 주민은 '돈을 받으면 사교육 아닌가?' 라며 의심의 눈초리를 보내기도 한다. 또 어떤 참가자들은 '무료로 이렇게 좋은 교육을 해주니 고마운 일'이라며 시혜성 복지 혜택을 받는 자세를 보인다.

공모사업 예산은 점점 늘어나고 있다. 공기관에서는 혁신적인 사업을 하고 싶은데 정치적으로 수세에 몰릴 가능성이 높거나 현장 중심으로 돌아가야 하는 일을 민관협치라는 이름을 붙여 공모사업으로 전환한다. 점점 더 많은 지자체에서 공무원들은 단체장의 공약사업 중 꼭 해야 하는 일을 하고, 평생학습을 비롯한 마을교육과 마을공동체사업은 공모사업으로 전환해 예산액과 종수를 늘리고 있다.

마을에서는 주도적인 사람이 모든 것을 이끌고 책임지며, 구성원들의 민주주의가 무르익지 못한 상태에서 공공의존도가 높아졌다. 내부의 합의를 이끌어낼 만큼 여유롭지도 않다. 누군가가 무작정 자원활동 방식으로 전력을 다할 수도 없다. 공동체가 민주적으로 운영되어야 한다는 데는 모두가 동의하지만, 절차가 복잡하고 시간이 오래 걸리는 민주적 합의를 이루기 위해선 구성원들 간의 끈끈한 신의가 전제되어야 한다. 하지만 현재의 마을교육공동체의 이름을 내건 집단은 자생적 풀뿌리 활동을 기반으로 하기보다 사업을 우선적 목적으로 해서 결성된 경우가 많아 돈이 끊기면 바로 공동체가 해체되거나 한 개인의 희생을 담보로 하여 겨우 유지되고 있다.

마을교육공동체에 새롭게 합류할 구성원을 찾기도 어렵다. 프로그램으로 이루어진 마을교육의 참가자들은 의사결정구조에 참여하기보다 자기 성취를 목표로 마을교육의 수혜자로 진입해 목적을 이루면 바로 다른 곳으로 떠난다. 사람 사이의 관계를 만들어나가는 과정보다 성과를 중시하는 사회 분위기와도 관련이 있을 것이다. 소규모의 다양한 공동체에 '일 없이 참여'하고 '목적 없이 떠드는' 것이 시간 낭비, 곧 개인의 노동력 낭비로 여겨지고, 또 그런 사람은 무한경쟁의 시대에 목표를 잃고 표류하는 사람처럼 보이기 때문이다. 마을은 공동체의 모습을 갖추고자 했으나 정부기관의 개입과 정부 예산에 의존하며 팽창해왔다. 공교육의 틀은 벗어나 있으나 작동하는 원리는 점점 공기관을 닮아갔고 민관협치라는 이름으로 정부의 관리감독체제 안에 길들여지고 있다. 결국, 학교가 멈추고, 평생학습을 책임지는 정부기관도 멈췄을 때, 마을도 움직일 수 없었다.

공동체가 지켜야 할 대상들은 각자의 이유로 어디엔가 숨어 있다. 경제적 형편이 좋은 아이들은 학원과 특별활동으로 평일에 눈코 뜰 새 없이 바쁘다. 그렇지 않은 아이들은 가정 형편만큼 정보에도 취약해 빈집에 들어앉아 미디어로 시간을 보낸다. 이 양극단에 있지 않은 계층이 마을교육공동체에 합류한다. 자발적 참여가 가능한 시간과 금전을 어느정도 확보하고, 지적 능력과 정보취합 능력도 평균 이상이며, 민주적인 의사소통이 가능한 계층들이 마을교육공동체의 핵심 구성원이 된다. 안타깝게도, 점차 중산층이 사라지는 이 나라에서 이런 계층은 매우 소수이며, 다른 계층이 보기에는 이상주의자나 고매한 지식층으로 보인다. 전염병까지 유행하면서 가정 내 돌봄이 가능한 아이들은 집에서 돌봄을 받느라, 그렇지 않은 아이들은 갈 곳이 없어서 집안에 틀어박혔다.

코로나19 이전의 마을교육공동체는 더러 그 본질에서 이탈해 있었다. 지켜야 할 아이들을 찾아내기 어려웠고, 마을의 아이들을 성장시켜 서울로 보내는 역할을 한 셈이 되었다. 내부적으로는 정부 예산을 받다보니 그에 대한 의존도가 높아졌다. 마을교육공동체가 지속되려면 구성원들이 적어도 오년 이상 꾸준히 마을 안에서 움직여야 하는데 전월세 상승과 같은 불안정한 주거환경 때문에 삶의 터전을 옮겨야 하는 구성원들이 점점 늘어난다. 그중에 주거가 안정적인 사람이 열정적으로 공동체를 붙들고 있으면 그 공동체는 어느정도 유지된다.

한편 지금과 같은 비상 상황에서 가장 독립적으로 대처할 수 있는 곳은 대안학교들이다. 자립성, 대체 불가능한 교육, 성과와 목표 지향보다 느끼고 깨우치는 교육, 구성원들의 민주적인 의사결정, 능동적인 참정권 등 대안학교의 특성은 마을교육공동체의 이상적인 모습을 보여주고 있다. 그러나 그간 기형적인 형태로 숫자만 늘려온 마을교육공동체가 이 모든 것을 하루아침에 이룰 수는 없는 일이다. 대안학교가 교육공동체로 자리를 잡기까지는 적어도 십년 이상의 정성어린 노력이 있었다.

학교에 왜 가니?

민주적 분위기와 개인 취향을 중시하는 세대가 낳아 기른 지금의 아이들은 유치원과 초등학교를 입학하며 '학교를 왜 매일 가야하는지' 물었다. 가정도 학교도 이에 대해 명확히 대답해준 적 없다. 이제 코로나19가 우리에게 다시 묻는다. 학교는 왜 가야 하는가.

2018년 서울의 모 초등학교에서 만난 학생자치회 간부 아이들에게 학교가 어떻게 변하면 좋겠냐고 물었더니 '없어졌으면 좋겠다'라는 의견이 압도적으로 많았다. 그래도 꼭 있어야 한다는 조건을 달아 다시 물었을 때 아이들이 원한 것은 여유 있는 점심시간, 매일 한시간 이상의 체육시간, 20분 넘는 쉬는 시간이었다. 내가 만나본 모든 아이들은 학교에서 가장 즐거운 것으로 급식과 친구를 꼽았다. 아이들은 학교에서 소속감을 통해 안정을 느끼고, 집단지성을 발휘해 연대했을 때 자기가 똑똑해진다고 믿는다. 학교의 학습방법은 예전과 달라졌다. 교사들은 활동과 토의를 통해 지식을 전달하는 교수법에 노련해졌고 아이들은 활동과 발표를 통해 많은 것을 익혔다. 단지 배우는 방식과 평가하는 방식이 일치하지 않을 뿐이다. 아이들은 이 모순의 간극을 사교육에서 메운다.

학교에서 아무리 지식 습득과 평가가 우선되어봤자 사교육기관의 효율성을 따라갈 수 없다. 학교의 목적이 사실상 학업평가로 보일지라도 학교가 보란듯이 그에 몰두할 수는 없기 때문이다. 대학입시와 온갖 국가 자격증 시험이 사교육에 의존되어왔음에도 공교육은 그간 자본중심적이라는 이유로 사교육을 은근히 천대했다. 대한민국에서 공립학교에 아이를 보내는 양육자가 완전히 사교육 없이 아이를 키운다는 것은 불가능하다. 초등학교 앞의 태권도장이 없으면 학교 앞 질서와 안전을 보장받을 수 없다. 아이가 집에 있기 때문에 출근할 수 없다는 핑계가 통하지 않는 사회에서 사교육은 돌봄의 영역까지 책임져왔다.

그렇다면 공교육은 돌봄을 외면해왔는가? 그렇지는 않다.

몇년 전 만난 경기도의 한 교사는 아침부터 스트레스를 잔뜩 받은 아이들이 그 고통을 짊어지고 학교에 모인다고 했다. 학교가 그 스트레스를 받아내다 아이들을 집으로 돌려보내면 아이들은 집에서 다시 스트레스를 받아 다음 날 또 부서진 마음을 안고 학교에 나타난다는 것이다. 그런가 하면 교육환경이 좋다고 위장전입이 넘쳐나는 학교에서는 모둠활동 때마다 경쟁이 과열되어 몇명은 한 시간 내내 제 주장을 꺾지 못해 울고 있다. 현재 대부분의 초·중·고등학교에는 10% 넘는 인원이 정서적 불안으로 학교생활을 잘하지 못한다. 이들의 학교생활을 돕는 일은 열정적인 교사의 몫이 된다. 아이들에겐 학교 안에서 의지할 어른이 더 많이 필요하다.

정리하면, 이 사회는 아이들을 키우기 위해 온 사회가 총동원되어왔다. 아침에는 공교육에서, 오후에는 사교육에서, 저녁부터 아침까지는 가정에서, 주말에는 지역에서. 그러나 시간에 내쫓겨 어디론가 맡겨지고 떠넘겨지면서 배우고 익히고 갈고닦이다보니, 한국 아이들은 OECD 회원국 아이들 중 행복지수가 가장 낮다.

코로나19 이후 학교 공간이 비좁아 감염의 우려가 있기에 학교별 배정인원을 조정하고 모두가 양질의 교육을 받을 수 있도록 학급 내 인원을 북유럽 수준으로 줄여나가야 한다는 주장이 힘을 받았다. 나도 이 생각에 동의해 같이 사는 중학생에게 물었다. 이 학생은 "그렇게 되면 힘이 약하고 관계 맺기를 어려워하는 아이들은 학교생활이 더 곤란해진다"라고 대답했다. 나 역시 당사자의 의견을 묻지 않고 제멋대로 생각하고 있었다. 아이들은 교사의 돌봄보다 함께 자랄 수 있는 친구가 더 중요하다. 소수의 인원은 관계를 협소하게 만들 수 있다. 학교에서 어울릴 아이들이 더 많길 바라는 건 그만큼 학교 안에 '숨을 곳'이 필요하다는 말이기도 하다.

코로나19로 인한 대규모 모임 금지, 거리두기와 같은 방역지침은 어쩌면 교육을 비롯한 활동의 양상을 모두 바꿀 수 있는 전기가 될 수도 있다. 수백명이 모여 집체교육을 받던 산업화시대의 교육방식을 억지로 끌어온 교육생태계가 변화할 수 있는 좋은 평계가 생겼다.

환경오염과 기후변화로 청소년과 어린이들의 건강상태는 점점 더 나빠진다. 코로나19가 없어도 겨울부터 봄까지 보건실은 붐빈다. 초등학교는 겨우내 바이러스에 시달린다. 알레르기와 비염을 앓는 도시의 어린이와 청소년들이 상당히 많다. 2018년 국민건강보험공단의 발표에 따르면 알레르기성 비염의 기준연령별 질환율은 10대 미만 청소년이 265만 8641명으로 전체 청구인원 중 37.8%에 이른다고 한다. 12월이 되면 한 반에도 여러 명이 감기와 독감으로 결석한다. 수백명의 신체적 건강을 챙기는 보건교사와 정서적 건강을 챙기는 상담사, 도움이 필요한 아이들을 지역사회와 연결할 사회복지사가 학교에 상주해야 한다. 아프고 뒤처지는 아이를 돌볼 수 있는 교사와 교육과정에 전념할 수 있는 교사도 필요하다. 방과후교사들처럼 아이들의 교과 외 빈 곳을 메우고 돌보고 지키는 일에 집중할 수 있는 사람들이 더 필요하다.

전염병의 유무를 떠나, 우리의 교육환경은 삶의 질의 향상에 비해 지나치게 뒤떨어져 있었다. 약한 사람과 느린 사람, 소수자를 보호하지 못하던 국가교육은 이번 코로나19 위기를 계기로 민낯을 드러냈다. 우리가 얼마나 학교에 의존하고 있었는지도 새삼 확인할 수 있다. 이렇게 많은 시민이 학교에 대한 의견을 내놓은 적이 있었던가? 학교교육의 대상자가 아니라는 이유로 학교를 방관하던 사람들도 그 어느 때보다 교육의 나아갈 길을 고민하고 있다.

2020년 7월 17일, 중학교 신입생들이 교복을 열번도 입지 못한 와중에 교육부는 그린스마트미래학교 사업을 시작한다고 발표했다. 학교민주주의를 실천하는 방법 중 하나로 학교 공간을 지역사회와 공유하고, 민주적 의사결정이 가능하도록 공간을 재설계하겠다는 계획이 포함되었다. 공간을 바꾸면 사유의 체계가 달라질 수 있다는 주장에는 나도 동의한다. 그 이전에 공간의 주인이 된 자들은 무엇을 원하는지 다시 한번 물어야 할 것이다.

지역의 한 시민단체가 운영하는 대안학교에는 교실 하나를 활용해 벽에다 보호쿠션을 대어 뛰어놀 수 있게 만든 공간이 있었다. 별다른 기구는 없었다. 그 교실을 본 교사 한명이 빈 교실에 이런 공간을 만들면 저학년 아이들이 신나게 놀 수 있다고 말한 적 있다. 그는 대단한 시설이 필요한 거 아니라고 덧붙였다.

학교가 없어졌으면 좋겠다던 아이들의 말을 다시 생각한다. 그래도 아이들이 아침마다 일어나 꾸역꾸역 학교를 가고, 코로나19로 학교가 문을 닫은 사이에 학교 가고 싶다는 말을 자연스럽게 한 걸 보면, 학교에서 뭔가 얻는 바가 있긴 한 것일 게다. '아이들을 키운다'면서, 지식 전달이 다가 아니고 평가도 전부가 아니라면서도 돌봄은 우리 영역이 아니라고, 학교는 여기저기 선을 긋기만 한다. 그럼 학교는 대체 뭐란 말인가?

교육의 주인공이 분명 아이들이라면, 학교의 정체성이 무엇인지는 아이들에게 물어야 한다. 아이들의 말을 다시 떠올린다. 급식과 친구 때문에 학교에 온다는 말. 그건 어쩌면 아이들은 학교라는 울타리 안에서 다른 사람과 더불어 살아가는 걸 가장 좋아한다는 이야기가 아닐까. 어른들이 보기에 학교는 개인의 공간을 확보해 감염으로부터 스스로를 지켜야 하는 곳이지만 아이들은 서로 의지하고 어우러져 쉴 수 있는 안식처를 바란다. 코로나19 이후, 우리가 이전으로 완벽하게 돌아갈 수 없다면, 어떤 모습의 학교를 바라는지 아이들에게 물어야 한다. 아이들이 바라는 대로 안전한 공간을 확보하고 숨을 곳도 쉴 곳도 있는 학교에서, 혼자보다 여럿이 함께 문제도 해결하고 놀면서 배울 수 있다면, 코로나19 위기도 기후위기도 학교에서 해결할 수 있으리라. 아이들이 서로 머리를 맞대고 의논한 것을 결정권자들이 귀 기울여 듣고 행동할 수 있다면. 아이들이 미래라고 다들 말만 쉽게 한다. 하지만 한국사회는 미래가 과거에 전하는 메시지를 귀 기울여 들은 적이 없다. 우리는 지금 그 댓가를 치르고 있다.

저밀도와 소멸위험,
농촌에 코로나19 '이후'란 없다

정은정

*이 글은『창작과비평』통권 189호(2020년 가을)에 게재된
「저밀도와 소멸위험, 농촌에 코로나 '이후'란 없다」를 수정·보완한 것이다.

농촌에서 비대면은 새롭지 않다

　지난여름 농업 관련 좌담회에 참석했다. 경북 의성군의 한 농민과 수인사를 나누는데 그는 마스크 쓰기를 무척이나 힘들어했다. 서울에 와서 처음으로 코로나19를 실감했다며, 당분간 마스크가 무서워서라도 서울에는 오지 못하겠다 했다. 대도시에서는 내 의지와 상관없이 사람들과 밀접접촉을 하지만 농촌에서는 밭일을 하다보면 식구들 말고는 누군가와 마주칠 일이 거의 안 생기니 마스크를 쓸 필요가 없어서다. 어쩌면 코로나19로 농촌 주민들이 누린 유일한 혜택은 답답한 마스크를 안 써도 되는 것, 그것 하나인 것 같다는 농담을 주고받았다. 공적마스크를 사러 읍내 약국에 줄을

섰던 노인들도 도시로 나간 자식·손주들의 몫을 확보하려는 것이지 정작 자신들이 쓰려는 것은 아니었다. 가장 번화한 읍내나 군청 소재지도 한산하기만 했다. 농촌은 코로나19 이전에도 이후에도 '비대면 접촉' 사회였다.

지금의 농촌을 이야기할 때 빠지지 않는 말이 '소멸위험'이다. 『지방 소멸』(한국어판 김정환 옮김, 와이즈베리 2015)의 저자인 사회학자 마스다 히로야(增田寬也)는 만 20~39세 여성 인구를 만 65세 이상 인구로 나눈 것을 '지방소멸위험지수'로 제시하는데, 이 지수가 1.5 이상이면 이 지역은 소멸위험이 매우 낮다. 반면에 0.2~0.5는 소멸위험 지역, 0.2 미만은 소멸 고위험 지역으로 분류된다. 일본의 기준이어서 한국에 딱 떨어진다 할 수는 없지만 한국 농촌 지역은 대부분 이 지수가 0.5보다 낮아서 마스크를 쓸 필요는커녕 소멸위험을 안고 있는 '저밀도' '비대면 접촉' 사회다. 그렇다면 코로나19 확진자가 많지 않던 농촌은 과연 이전과 다름없는 상태를 유지해온 것일까. 코로나19 사태의 자장 안에서 농민들만이 겪는 고충에는 어떤 것들이 있을까.

그나마 마을 노인들이 서로 대면하는 경우는 마을회관에 모여 화투도 치고 대화도 나누다 점심 한끼 나눠 먹을 때다. 혼자 끼니를 제대로 챙기기 어려운 고령의 노인이 많아 농어촌에서는 마을 공동급식이 몇년 전부터 이루어지기 시작했다. 2012년 경남도에서 먼저 농번기에 한해서 실시한 '농촌마을 공동급식 지원사업'은 지역주민의 호응이 좋아 전국 지자체에 널리 퍼져나간 제도다. 지자체에서 인건비를 일부 보조하고 일정 회비를 걷어 마을회관이나 경로당에서 주민들이 함께 식사를 한다. 혼자 집에서 물에 밥을 말아 김치나 반찬 한두개 정도 놓고 먹기 일쑤인 농촌 노인들의 부실한 식사 문제에 대한 대안으로 좋은 평가를 받은 사업이다. 도시에 나가 있는 자녀들의 반응도 대체로 좋아 자녀들이 마을회관에 과일이라도 한두 상자 사다놓고 가는 풍경을 쉽게 볼 수 있었다. 이 사업에 대한 설문결과를 보면 참여 주민들은 음식 자체보다는 함께 먹는 즐거움에 높은 점수를 매기고 있다. 이는 한 마을에 국한된 결과가 아니라 마을공동급식이 실시되고 있는 곳들의 공통된 반응이다. 함께 먹는 일의 기쁨이 농촌일수록 더욱 절실한데, 코로나19로 마을회관 운영이 중지되어서 이 소박한 행복마저 누릴 수 없게 되었다. 특히 추석 명절에 가족들이 모이지 못하게 되면서 명절 하나 바라보고 있던 농촌의 노인들의 상심이 이만저만 아니었다. 무엇보다 코로나19 사태 속에서 농촌 마을의 외지인에 대한 경계심이 매우 높아져 서로 왕래조차 하지 않고, 외부에서 손님들이 오는 것을 극도로 꺼리는 상황이 곳곳에서 벌어지고 있다.

필자의 경우 2020년 상반기에 잡혔던 강의 등 일정이 대부분 취소되었다. 간간이 온라인 화상강의는 했지만 모니터 화면에 대고 혼자 주절대는 일에는 끝내 적응이 어려웠다. 다행히 코로나19가 조금 진정세를 보인 뒤 강의가 하나둘 예정대로 진행되기 시작한 곳은 농촌의 학교였다. 1990년대 초반까지는 동리 단위에 통학 거리가 멀지 않은 초등학교와 병설 유치원이 있었다. 아이들이 책가방 메고 버스 탈 몸피만큼 자라면 읍면 단위 중고등학교로 진학하는 것이 순서였다. 그러나 이제 면 단위 학교까지도 폐교 위기다. 읍면 소재지의 학교에도 전교생은 아주 많아야 50명 남짓이다. 필자가 돌아다닌 학교들은 좀더 외진 고장에 있어서 전교생이 30여 명에 교사가 10여 명인 중학교들이었다. 중고등학교가 통폐합된 곳도 많아 교사들의 업무강도가 생각보다 세다. 농촌 학교의 교사들은 전학년 과목을 맡는 경우가 많은데 중고등학교가 통합되어 있으면 거의 6개 학년 과목을 맡는 일까지 벌어진다. 작은 학교는 급식도 근처 학교와 합쳐서, 한 학교에서 만든 급식을 밥차로 실어오는 방식으로 한다. 학교 건물은 개교 당시의 넓은 평수 그대로여서 큰 강당에 전교생을 모두 앉혀도 도시의 두 학급을 합한 것보다 인원이 적다. 강의 재개가 가능했던 것도 방역수칙에서 강조하는 거리를 충분히 둘 수 있어서였다.

공간이 남아 교실마다 운동기구를 하나씩 들여놓고 탁구실이니 헬스실이니 이름을 붙여놓았지만 여전히 빈 교실이 있다. 코로나19 시대에 가장 바람직한 사회가 '저밀도 사회'인데 농촌과 농촌 학교는 오래전부터 밀도가 아주 낮다. 그래서 큰 도시처럼 온라인 원격수업을 병행할 필요 없이 전교생 등교가 가능하다. 원격수업과 대면수업이 번갈아가며 이루어지는 도시에서 아이를 키우고 있자니 전일 등교, 그게 뭐라고 참 부러웠다. 몇달 내내 아이들 점심을 해대느라 지치기도 하거니와 컴퓨터 앞에서 마우스만 까딱거리는 아이를 보고 있으려니 답답하기만 하다. 코로나19 상황에서 농촌이 누린 복지가 있다면 마스크 자유와 정상등교 정도뿐이다.

학교급식, 농촌 건강과 친환경의 보루

1월 초에 방학을 한 아이들이 5월 중순까지 집에 머물게 되면서 밥을 차려야 하는 사람은 엄마인 나였다. 학교가 멈추면 학교급식도 멈춘다. 해서도 먹이고 시켜서도 먹이면서 버티지만 역시 어려운 일이다. 학교는 공부하러 가는 곳이지 밥 먹으러 가는 데가 아니라던 홍준표 전 경남도지사의 말은 완전히 틀렸다. 학교는 밥 먹으러 가는 곳 맞는다. 가서 공부는 안 하더라도 밥은 먹고 오지 않나.

많이들 오해하는 것 중 하나가 농촌은 아이들 먹일 먹거리가 풍부할 것이라는 착각이다. 산과 들에 먹을 것 천지라고 여기지만 들판의 작물은 팔기 위한 상품이다. 농민들도 농산물을 내다 팔아 현금으로 전환해 자신들이 먹을 식품을 구비해야 한다. 쌀과 채소 몇가지가 자급된다고 해서 모든 식사가 해결되는 것은 아니다. 그리고 또 하나의 착각은 농촌에 사는 사람들이 훨씬 더 잘 먹고 건강할 것이라는 생각이다. 한국에서 가장 건강한 사람들이 모여 있는 지역은 서울의 강남, 서초, 송파구다. 반면에 음주율·흡연율·비만율, 성인병 발생빈도, 인구 1인당 의료시설, 기대수명, 안전한 먹거리 접근권 등 여러 지표를 종합해보면 농어촌 지역의 건강수준은 매우 낮다. 이유는 여러가지겠으나 우선 농어촌에서는 좋은 먹거리에 접근하기가 어렵다. 마을마다 그 흔한 식료품점 하나 없이 저장성 좋은 가공식품을 쟁여두고 먹기 일쑤다. 이런 상황에서 농촌의 어린이·청소년에게 학교급식은 디저트까지 먹을 수 있는 균형 잡힌 영양식이라는 의미도 크다. 원거리 통학의 어려움 때문에 농어촌 공립고등학교 중에는 기숙사를 운영하는 곳이 많은데, 인근의 대도시로 유학을 가지 않고 지역에 남은 청소년들에게 학교급식은 하루 식사 전체를 아우르는 문제이기도 하다. 그만큼 학교급식은 밥 한끼의 의미를 넘어서 어린이와 청소년의 건강권을 지킬 수 있는 사회복지제도인 것이다.

학교급식운동의 주역은 여성농민들이다. 1980년대 후반부터 여성농민운동가들은 줄기차게 학교급식을 요구해왔다. 학교급식법은 1981년에 만들어졌지만 극히 일부 학교에서 시범형태로 급식이 이루어지다 말았다. 농사일부터 가사노동까지 모두 감당해야 하는 여성농민들에게 자녀들 도시락까지 싸서 보내는 일은 '모성애'로 눙칠 수 없는 고통 그 자체였다. 도시처럼 집 근처에 슈퍼마켓이 있는 게 아니니 미리 사둔 소시지나 어묵이라도 없을 때면 자녀들에게 푸성귀나 짠 반찬만 들려 보낼 수밖에 없었는데, 그런 미안

함과 고통이 움직임으로 변했다. 여기에 더해 학교급식이 제도화되면 국내산 농산물의 안정적인 소비처가 될 수 있을 것이라는 선견지명도 지니고 있었다. 여성농민들은 의무교육이니 학교에서 이루어지는 학생들의 식사도 당연히 국가가 져야 할 의무라고 외쳤다. 그렇게 누군가의 오랜 노력으로 얻은 승리 덕분에 필자를 비롯해 많은 부모들이 큰 짐을 덜게 된 것이다.

오늘날 학교급식은 한국의 농업, 무엇보다 친환경농업의 보루이기도 하다. 학교급식은 총 2만 809개 학교에서 이루어진다. 무상급식 대상자인 학생은 약 613만명이고 여기에 급식비를 내는 교직원들까지도 학교급식으로 점심을 먹는다. 적어도 주 5일 점심시간에 국내산 농·수·축산물로 600만끼니가 만들어진다는 뜻이다. 학교급식은 연간 약 7조원의 돈이 도는 중요한 경제사업이며 친환경농산물의 최대 소비처다. 농림축산식품부의 '친환경농산물 유통실태 및 학교급식 현황 조사'에 따르면 2018년 학교급식에 사용된 친환경농산물 양은 7만 9339톤으로 이는 전체 친환경농산물 생산량의 57.7%에 해당한다. 현대의 농업은 그 자체로 환경에 많은 부담을 주는 산업이다. 외부 투입재인 농약과 비료 사용, 가축분뇨 발생으로 토양과 물을 오염시키기도 한다. 지속 가능한 농업으로서 유일한 대안이 친환경농업이다.

친환경농업의 중요성을 논할 때 대체로 건강, 그중에서도 먹는 사람의 건강이 많이 강조된다. 실제로 친환경농산물과 생활재를 취급하는 생활협동조합에 가입하는 사람들에게 이유를 물으면 가족, 특히 어린 자녀의 건강을 위해서라는 답이 많다. 하지만 친환경농업은 생산자 농민의 건강을 지킬 수 있다는 점에서도 중요하다. 농업은 외부환경에 그대로 노출된 채 이루어지는 야외노동을 바탕으로 하며, 비닐하우스를 비롯한 시설재배의 경우에는 식물이 발산하는 이산화탄소 및 농약과 비료에서 비산되는 물질 때문에 더욱 위험하다. 소비자들은 농약 묻은 농산물을 씻어 먹을 수라도 있지만, 친환경농업이 아닌 이상 농민들은 맹독성의 제초제 등을 피할 길이 없다. 그래서 친환경농업은 생산자 농민들의 건강을 지키기 위해서도 더욱 권업되어야 하는 방식이다.

친환경농산물은 가격이 좀더 높다. 생산자들이 제초제를 사용하는 대신 직접 제초작업을 한 데 따르는 노동가격, 물과 토양을 지킨 환경보존 비용 등이 포함되어 있기 때문이다. 그러나 이는 최종생산물의 소비자가를 놓고 보았을 때의 이야기다. 현재 전국의 농민 약 250만명의 평균 연령은 68.8세다. 농가경영체등록을 한 100만명의 농민들 중에서 만 42세 이하의 청년농업인의 비율은 채 1만명이 되지 않는다. 농민들 중에서는 80대 이상의 초고령자도 많아 이들의 노동 가능 연한은 얼마 남지 않았다. 현재의 식량자급률 23%나마 지키기 위해서는 남아 있는 농민의 건강을 지키는 일이 무엇보다 중요한데, 이를 위해서도 친환경농업의 확장은 필수적이다. 물론 친환경농업이 지속적으로 수행되려면 안정적인 판로가 갖춰져야 한다. 친환경농법은 관행 농법에 비해 병충해도 잦고 수확량도 많지 않은데다 산물의 모양도 고르지 않아 상품성 있는 산물이 적게 나온다. 여기에 상대적으로 가격이 비싸기 때문에 생산물이 공공영역에서 적극적으로 소비되지 않는 한 친환경농법이 지속되기란 매우 어렵다. 학교급식은 친환경농민들에게 가장 안정적인 판로이자 미래세대인 학생들에게 자신의 농산물을 공급한다는 사회적 자부심을 심어주며, 그 자체로 농사 잘 짓는다는 인증마크를 부여한 셈이기도 하다.

코로나19와 가정꾸러미의 정치

코로나19로 학교급식이 멈추면서 가장 먼저 피해를 본 이들은 집에서 밥을 하는 내가 아니라 학교급식에 식자재를 공급하는 농가였다. 학교급식이 멈춘다고 밭에서 자라는 계약 농산물도 성장을 멈추는 것은 아니다. 학교급식 농산물의 출하조직들은 주로 연간 단위의 공급 계약에 맞춰 작부체계를 짠다. 학교급식에 쓰이는 농산물의 종류는 약 180종에 달하는데 코로나19로 개학이 미뤄지자 결국 계약 농가들이 그 많은 농작물을 트랙터로 갈아엎는 상황이 벌어졌다. 이상하게도 학교급식 계약서에는 갑의 책임이나 의무사항이 없다. 보통 계약서상 갑의 권리만 너무 크면 '노예계약서'라고들 하는데 학교급식 계약은 그마저도 아니었다. 계약 농가는 교육청이라는 공공기관을 믿고 농사를 짓지만, 급식이 중단될 경우 교육청은 계약 물량을 책임지지 않는다. 이번 코로나19 사태만이 아니라 2015년 메르스 사태 때도, 2016년 기록적인 폭염으로 전국적으로 발생한 식중독 사고 때도 갑자기 학교급식은 중단되곤 했지만, 공급 농가는 통보만 받고 끝날 뿐이었다. 그중에서도 코로나19로 인한 피해의 규모는 이전과 비교할 수 없을 정도로 컸다. 개학이 석달 정도 늦춰진데다 개학 이후에도 교차 등교를 하게 되어 급식 가동량이 평소의 절반에도 미치지 못하고 약 42%에 머물렀다. 이에 피해를 보상하라는 급식계약 농민들의 항의가 잇따르자 농림축산식품부와 지자체가 세운 대책은 피해 농가에 대한 낮은 금리의 융자와 판촉행사 정도였다.

각 지자체가 학교급식용 친환경농산물의 염가판매에 나서기도 했지만 소화 가능한 물량에는 한계가 있을 수밖에 없다. 게다가 저렴하게 농산물을 판매하는 것은 가격의 적정선을 무너뜨리는 일로서 바람직하지만은 않다. 이번에 친환경농산물을 이벤트 가격에 사 먹은 사람은 다음에 제값을 줘야 할 때 분명 비싸다 느낄 것이다. 그래서 농협이나 공공기관이 주도하는 농산물 할인판매에 대해 생산자 농민들은 찬성하지 않는다. 여기에 더해 학교급식에 출하하지 않는 다른 농민들도 간접적인 피해를 입는다. 이미 시장에 풀린 농산물이 있는데 이벤트처럼 학교급식용 농산물이 풀려

버리면 덩달아 가격이 내려갈 수밖에 없다. 이같은 여러 피해가 커지고 학교급식에 쓰여야 할 예산이 집행되지 않는 문제도 있어 지난 4월 정부와 여당의 협의로 학교급식 피해 농가를 지원하기 위한 '친환경농산물 꾸러미 가정 지원 사업'(초·중·고 학생을 둔 가정에 농산물 꾸러미를 보내는 것)을 시행하기로 했다. 이미 농어촌 지역의 지자체들이 선제적으로 급식꾸러미를 가정에 공급해 큰 호응을 얻고 있었기 때문에 검증이 마쳐진 사업이었다.

그런데 급식 대상자가 가장 많은 서울시와 경기도 교육청이 일선 학교에 이 사업을 떠넘기면서 학교에서는 꾸러미를 구성하는 부담까지 떠안아야 했다. '학교급식지원센터'가 있는 지역에서는 신선 농산물과 가공식품을 적절히 구성할 수 있었지만 지원센터가 부재한 경우에는 학교운영위가 알아서 꾸러미를 구성해야 했다.

경기도에서 두 아이가 학교를 다니고 있어서 나도 아이들의 급식꾸러미를 신청했지만 한달이 넘도록 꾸러미가 오지 않았다. 신선 농산물의 경우 빠른 소비가 관건일 텐데 이렇게 늦어지면 농가에 도움이 될지 의문이었다. 그러다 어느 일요일 아침에 중학생 아이 몫으로 온 꾸러미는 친환경쌀 10킬로그램과 찹쌀 1킬로그램이 다였다. 꾸러미란 여러 종류의 물건들을 한데 묶은 것을 의미할진대 쌀만 덩그러니 받으니 황당해 학교에 전화를 했다. 학교도 여러 민원에 시달렸는지 신선 농산물을 보내면 상할 수도 있고 요리를 해 먹지 않는 경우도 많아 학부모들의 불만이 높아질 것이 뻔해서 저장성을 갖춘 쌀로 결정했다는 것이다. 인근 학교도 쌀 단일품목으로 구성한 곳이 대부분이었다. 급식 관계자의 말을 들어보니 전국적으로 급식꾸러미를 친환경쌀로 때우는 바람에 그 물량이 반짝 모자라기까지 했다는 것이다. 고등학생인 큰아이 학교에서는 지역 농협에 위탁했다는데, 쌀과 감자 두알, 당근 두개, 방울토마토, 그리고 참치캔과 통조림햄, 국내 1위 식품기업의 조미김이 배달되어 왔다. 채소로 구색을 갖춘다고 했으나, 빠른 소비로 농가를 지원해야 했던 엽채류는 정작 꾸러미에서 가장 인기 없는 품목이 되어 떠돌이 신세가 되고 만 것이다.

학교급식은 계약 농민과 식자재 공급업체, 학생과 학부모, 영양(교)사와 조리노동자, 교육청, 지자체까지 다중 주체성을 가진 사회제도다. 하지만 이들 중 가장 목소리가 센 쪽은 학부모다. 같은 메뉴라 하더라도 고기를 너무 조금 준다는 민원과 고기를 왜 이리 많이 주느냐는 민원이 동시에 발생하는 곳이 학교급식 현장이다. 소비자 정체성이 강한 학부모들에게 꾸러미 구성에 대한 의견을 묻기로 하면서부터 이 사업은 실패가 예고돼 있었다. 학교 입장에서 보면 나도 한명의 민원인이었을 것이다. 하지만 이번 가정꾸러미 사업의 애초 목표가 피해 농가 지원이었다면 그에 걸맞게 꾸러미를 구성하고 '이런 귀한 친환경 식자재로 아이들을 먹이고 있다'는 견본품을 보이는 식으로 진행했어야 한다. 그도 아니면 선제적으로 산지 폐기를 하고 피해 농가에 배상하면 될 일이었다. 그러나 대도시 지역의 교육청과 학교장들은 얼굴 볼 일 없는 농민이 아니라 소비자인 학부모 눈치만 보았다. 결국 가정꾸러미 사업은 본래의 목적지를 잃었다.

그런 와중에 꾸러미 구성을 잘한 지역도 있었는데 대체로 오랫동안 먹거리운동이 활발한 곳들이었다. '로컬푸드 1번지'라 불리는 전북 완주가 대표적인 예로, 코로나19 사태 이전에 이미 소규모 학교에 지원하는 친환경 보조금을 1인당 70원씩 인상하는 등의 조치를 한 덕분에 농산물뿐 아니라 축산물까지 친환경으로 전환할 수 있었다. 완주 외에도 농어촌 복합 지역에는 친환경농산물과 가정에서 손쉽게 해 먹을 수 있는 친환경 가공식품을 적절히 구성한 곳이 많았다. 2학기에도 순차 등교가 이루어지고 여전히 비대면 수업이 병행 중이다. 이에 농촌 지자체의 경우 2학기 급식꾸러미가 공급되었지만, 급식 대상자가 가장 많은 경기도와 서울시는 묵묵부답의 상태다. 이는 결국 지역 먹거리정치의 역량 차이의 문제다.

2G 폴더폰의 세계

코로나19에 대한 여러 분석 가운데 특히 비대면 경제 분야가 큰 주목을 받고 있다. 말은 어렵지만 가장 비근한 사례라면 스마트폰으로 온라인 쇼핑몰에 접속해서 상품을 쇼핑하는 일이다. 온라인 유통이 경제의 핵심 분야로 자리잡았으니 이에 대응하자는 뜻이다. 농업 분야도 예외가 없다. 4차산업 시대를 이야기할 때 1차산업으로 분류되는 농업은 굉장히 멀기만 해 보이지만, 정부 차원에서도 민간 차원에서도 농업 또한 디지털경제 부문을 강화해 이후를 도모해야 한다는 주문이 많다. 빅데이터, 사물인터넷(IoT), 인공지능(AI), 블록체인 등의 신기술이 도입돼 이전의 농업과는 확연히 달라질 것이라는 전망이 쏟아진다.

지난 7월 정부가 발표한 (세칭 '그린뉴딜'이라 부르는) 한국형 뉴딜정책에서 농업·농촌 영역에 해당하는 사안을 간단하게 정리해보면, 5G네트워크 고도화를 통해 디지털 인프라를 갖추어 비대면 경제사회 시스템을 농촌에도 확산시키겠다는 것이다. 온라인 농업컨설팅 같은 비대면 농산업을 육성하는 것도 디지털경제에 포함된다. 또 농업생산 기반 유지를 위해 자율주행 농기계와 농업로봇, 이미지 생육정보 수집 시스템 등을 갖추고 스마트 방역체계를 통해 병충해 방제도 스마트폰 하나로 제어하게끔 하는 등 여러가지 청사진이 제시됐다.

농산물 유통에도 큰 변화가 있을 것이라 예고했다. 농산물도매시장에서 경매사들을 통해 이루어지는 현물 경매는 대표적인 대면 경제이지만 이제 현물을 보지 않고도 생산이력 정보, 품질 정보, 화상 정보를 통해 경매가 이루어지는 '이미지 경매'를 도입하자는 주장이 담겨 있다. 그런가 하면 디지털 인프라가 완벽하게 갖추어진 뒤에는 농촌에서도 비대면 원격의료서비스가 가능해질 것이라고도 한다. 유명 병원은 서울에 다 몰려 있을뿐더러 농촌 지역에는 병원 자체가 많이 줄어드는 추세인 만큼 원격의료서비스의 수혜자는 농촌이 될 것처럼 이야기한다. 여기에 온라인 플랫폼 교육 시스템까지 갖추면 이른바 '농촌 5G시대'가 열린다는 요지인데, 짧은 소견으로 판단해보면 지금으로선 농촌에 5G 초고속인터넷망을 깔겠다는 말을 어렵게 돌려 한 것만 같다.

농민들을 대상으로 한 교육은 언제나 넘쳐난다. 작목 전환 교육, 신품종 재배기술 교육, 새롭게 바뀐 법령에 대한 교육 등이 끊임없이 이루어진다. 각종 지원금을 받으려면 의무사항으로 교육과 컨설팅을 받아야 하기 때문이다. 스마트 농업에 대한 교육도 없던 것은 아니다. 온라인 직거래 사업을 농산물 유통의 대안으로 삼아 농가 블로그 제작과 SNS 활용법, UCC 제작법 등의 교육이 천편일률적으로 이루어지곤 했다. 정작 농민들에게 필요한 '스마트 기술'인 정밀한 드론 방제기술이나 농토 진단, 정확한 방제 및 수확 시기 측정 등을 알려주는 곳은 없다. '일도 바쁜데 알량한 지원금이라도 받자니 이러고 앉아 있다'며 볼멘소리가 이어진다.

그나마 이런 교육을 받는 사람들은 대체로 50대 전후의 젊은이(?)들이고 70~80대의 농민들은 더욱 거리가 멀다. 코로나19 사태로 대면강의가 불가능해지자 기존의 교육마저 난관에 부딪혔는데 개중에 조금이나마 '고령친화적인' 유튜브로 강의가 이루어지기 시작했다. 줌이나 웹엑스 같은 실시간 화상교육을 찾아 들을 수 있는 사람이 농촌에는 많지 않기 때문이다. 고령의 농민들은 집 밖에서 전화를 걸고 받을 수 있다는 이유만으로 2G 폴더폰조차 첨단 문물로 여긴다. 1990년대 초 전국농민회총연맹에서 들판 사이사이에 공중전화를 설치해달라고 요구한 적이 있다. 일을 하다 전화 쓸 일이 생기면 다시 먼 길을 와야 하는 번거로움도 그렇지만 갑자기 밭에서 응급환자가 발생했을 경우 긴급하게 구조 요청을 해야 하기 때문이었다. 이 공중전화 설치 요구 운동은 다소 허무하게 끝나고 말았는데, 90년대 중반부터 휴대전화가 생겼기 때문이다. 농민들에게 휴대전화는 유용하고 혁신적인 기술이었다. 2G폰 하나면 충분해하는 사람들이 훨씬 더 많은 현실세계에서 5G 초고속인터넷망 구축 사업이 그린뉴딜 농촌농업 정책의 일환이라는 주장은 억지스럽다. 2019년 정보통신정책연구원의 조사에 따르면 70대의 경우 스마트폰 보유율이 35%에 불과하다. 그런데 한국의 농민 평균 연령은 70세에 가깝고, 농촌에서 70대는 경로당에서 허드렛일을 도맡아 하는 젊은 축에 들 정도다.

누가 우리를 부양하는가: 외국인 이주노동자와 시민 K

'K'라는 알파벳 붙이는 일이 근래 국가 주도 사업의 작명 방법

중 하나다. K팝, K푸드에 이어 K-방역까지, 국가에 대한 자부심을 표현하는 것이다. 물론 한국의 이번 코로나19 방역에 대해서는 자부심을 느낄 만도 하다. 다만 코로나19로 그동안 눈에 보이지 않던, 아니 보지 않으려 했던 사회의 약한 고리가 툭 끊겨 나가는 현장도 드러났다. 비대면 새벽배송을 하던 '쿠팡맨'들이 코로나19로 폭증한 주문량을 감당하며 물류센터에서 쉴 없이 일하다 집단감염이 된 일처럼 말이다.

'저밀도 사회'여서 마스크에서도 자유롭고 대면수업도 가능한 농촌이지만 실상은 코로나19의 약한 고리다. 저밀도 사회인 이유는 당연히 사람이 없어서다. 20년 넘게 외국인 이주노동자들이 짓는 농사에 기대서 먹고살아온 나라가 한국이다. 상시고용을 전제로 하는 외국인고용허가제는 기본 3년 체류 기간에 사업주가 요청할 경우 1년 10개월을 연장해 외국인노동자가 최장 4년 10개월을 머물 수 있게 하는 제도로, 2004년에 농업 분야에도 도입되어 주로 축산업을 떠받치고 있다. 상시고용률이 가장 높은 분야는 축산업 중에서도 노동강도가 센 양돈업이다. 월 200만원 정도의 임금을 받고 그만큼의 험한 일을 하러 오는 내국인은 없다. 실제로 농촌에서 인력을 구할 때도 내국인보다 외국인을 선호한다. 일이 워낙 힘들어서 한국 사람들은 잘 견디지 못하고 불만만 많다며 차라리 '착한' 외국인이 낫다는 이야기를 서슴지 않고 한다. 이외에 젖소와 한우 사육업, 양계업도 농장주만 한국 사람이고 거의 모든 일은 외국인 이주노동자들이 감당하고 있다. 만약에 이들이 사라진다면 우리는 지금 이 값으로 삼겹살도 계란도 치킨도 먹을 수 없을 것이다. 하지만 고기는 먹고 싶고, 저개발국가 출신의 외국인들 입국은 (혹시 코로나바이러스의 숙주일지도 모르니) 막았으면 한다. 그냥 고기를 수입해서 먹자는 주장도 있다. 어차피 고기가 먹는 사료가 100% 외국산이니 국내산 고기가 무슨 의미가 있냐는 것이다. 실제로 수입 삼겹살도 많이 먹고 산다. 그렇지만 고기를 수출하는 나라들의 사정도 빤하다. 가장 위험한 노동 현장으로 알려진 도축장의 노동자들은 대개 외국인노동자들이다. 미국에서 코로나19에 가장 먼저 감염된 사람들은 스미스필드와 타이슨푸드, JBS와 같은 미국의 거대 축산기업 도축장 종사자들이었고 이주노동자들이었다. 이 사태로 미국 내 축산 물류가 한동안 꼬이기도 했다.

식량 교역이 우리가 원하는 대로 계속 작동하리라는 보장도 없다. 코로나바이러스 자체가 농작물에 영향을 미치는 것은 아니지만 인간과 사회제도에는 영향을 미친다. 사람을 막는 국경이 닫힌다는 것은 하늘길만이 아닌 해상에 기반한 교역에도 차질이 생긴다는 뜻이다. 한국은 매달 평균 300만 톤의 농산물을 수입한다. 그 곡물에는 가축들이 먹어야 하는 콩과 옥수수가 있고, 라면과 빵을 만드는 밀도 있다. 하지만 이런 팬데믹 상황에서 해상물류에 차질이 빚어진다면, 이들 농산물을 국내로 무사히 들여올 수 있을 것이라 누가 확신하겠는가.[*]

축산업과 달리 노지 채소나 산나물 같은 밭작물은 계절을 많이 탄다. 논농사는 기계로 짓고 있어 내국인 인력으로도 어느정도 인력 수요가 메워지지만 문제는 사람 손을 많이 타는 밭농사와 과수 농업이다. 씨앗을 뿌리고 과일의 꽃을 솎고 인공수정을 하는 시기인 봄과 수확기인 가을에 가장 많은 인력이 필요하다. 이에 유럽의 많은 나라처럼 한국에도 외국인 계절근로자제도가 2015년부터 도입되었다. 도입 첫해에는 신청한 지자체가 한군데였고 입국자도 33명에 불과했다. 그렇지만 지금은 농어촌 지자체에서 쿼터, 즉 인력 배정을 더 늘려달라, 몇달만 더 머물게 해달라 애원할 정도로 이 제도는 농촌의 주요한 인력 수급 방법으로 자리를 잡았다. 그런데 문제는 코로나19로 국경이 닫히면서 2020년 상반기에 들어오기로 한 계절노동자 3052명의 입국이 지연되거나 취소되는 상황이 벌어진 것이다. 고용허가제로 입국하기로 한 외국인노동자들도 6400명 중 1~3월 720명만 입국했다. 계절노동자들은 입국을 하고

＊ 3월 26일 UN 식량농업기구(Food and Agriculture Organization, FAO)의 취둥위(屈冬玉) 사무총장이 "다양한 이동 제한 조치가 국내외에서 식량의 생산, 가공, 유통 등에 '즉각적이고 심각한' 영향을 미칠 가능성이 있고, 특히 빈곤층과 취약계층이 큰 타격을 입을 것"이라며 각국의 주의를 당부하고 나섰고, 3월 31일에는 FAO는 물론 WHO(세계보건기구), WTO(세계무역기구) 등 세계 주요 국제기구의 사무총장이 공동성명을 통해 "식량의 가용성과 이동성에 대한 불확실성의 증대가 연쇄적인 수출 제한을 유발함으로써 글로벌 식량난을 야기할 수도 있다"며 식량부족 현상의 발생 가능성을 경고했다.

싶어도 입국과 동시에 적용되는 자가격리 비용이 큰 부담이다. 숙소를 알아서 구해야 하는 것도 어렵지만 14일치 숙박비를 선이자 떼이듯이 내야만 한다. 길어야 5개월 일하고 받는 돈에서 자가격리 비용과 왕복 항공권 비용을 제하면 수지타산이 맞지 않는다. 여기에 코로나19 확진자들의 해외유입 사례 때문에 입국을 무조건 반대하는 여론이 비등해 현재 정부도 출입국관리에 상당히 예민해져 있을 수밖에 없는 상황이다.

하지만 실제로 급한 쪽은 한국이다. 농촌에서는 인력소개소를 통해 일용직으로 밭일을 하러 오는 외국인노동자들이 체류 기간이 만료된 이른바 '불법체류자'임을 알고도 적극적으로 단속하지 않는다. 이들이 없으면 생산이 멈춘다는 사실을 잘 알기 때문이다. 농산물 가격이 조금만 올라가도 '금추' '금겹살'이라 부르며 호들갑을 떠는 여론 속에 있는 만큼 외국인노동력으로 그나마 이 정도 농산물 가격을 방어해왔다는 것을 암묵적으로 인정하는 것이다.

그리하여 정부가 내놓은 대책은 고용허가제를 통해 농·수·축산업에 종사했던 외국인노동자들이 계절노동자로의 전환을 원할 경우 한국에 5개월 정도 더 머물 수 있도록 한다는 것이다. 새로운 외국인들을 받아들이기에는 부담이지만 이미 입국해 있는, 혹은 '검증된' 외국인들을 활용하겠다는 것이다. 하지만 이 대책은 한시적일 뿐 충분한 인력 확보에 큰 도움은 되지 않는다. 이런 상황에서 손이 많이 가기로 악명 높은 고추의 주산지인 경북 영양군에서는 지자체가 나섰다. 인근 온천 리조트에 격리시설을 마련하고, 격리 비용을 농가가 30%, 영양군이 70% 부담하는 조건으로 베트남에서 308명의 노동자를 입국시키기로 계획을 세운 것이다. 그렇지만 결국 이 일도 틀어지고 말았다. 발만 동동 구르는 농촌의 현실보다는 한꺼번에 외국인을 들여온다는 여론이 무서웠던 것일까. 주요 소득 작물인 고추는 수확 시기를 놓치면 끝이기에 목을 빼고 이들을 기다리던 농민들이 망연자실했을 것은 뻔하다. 영양군은 지방소멸지수(한국고용정보원 2019)에서 전국 7위를 기록한 지역이다. 고추밭에 고추가 빨갛게 익어도 이를 딸 사람이 없어 농가가 자부담으로 격리 비용을 대겠다며 사람을 보내달라 요청한 일을 성사단계에서 정부가 틀어버린 것이다. 방역수칙을 충분히 지키겠다는 지자체의 대책도 외면한 채 이 사업을 무산시킬 수 있었던 건 어차피 고추는 수입해서 먹으면 된다는 식의 손쉬운 판단 때문이었을까. 농촌문제는 늘 후순위라는 점이 다시 한번 확인된 듯하다. 이런 와중에 홍수 피해까지 났으니 농민들은 더욱 애가 탈 수밖에 없다. 농촌의 인력 부족에 대해 농림축산식품부가 내세운 다른 대책으로, 농촌의 일자리를 연계해주는 농촌인력중개센터를 통해 도시의 실업 문제와 농촌의 인력 문제를 동시에 해결하겠다는 것이 있다. 하지만 지난봄 이 사업을 시도해본 강원도 어느 군의 담당자는 단 한명의 내국인도 지원하지 않았다며 난감해했다. '농촌고용인력지원사업'은 사업성과 평가에서도 '미흡' 평가를 받고 있다. 그런데도 정부는 매번 귀농귀촌을 활성화하고 도시 실업인구를 농업 부문으로 흡수하겠다는 실효성 없는 대책만 내놓고 있다.

한편 현재 한국에 남아서 농촌 지역에 머무르고 있는 이주노동자들의 경우 코로나19에 대한 정확한 정보를 전달받을 경로가 없어 잠재적 감염의 위험을 상시 안고 있다. 이들은 한국에 입국할 때 한국어능력시험을 치르지만 대다수는 초급 수준에 멈춰 있어서 간단한 작업지시 정도만 알아듣는다. 반복적인 농작업은 많은 대화를 필요로 하지 않으며 대체로 농장주의 시범을 따라 해보면서 손에 익히는 방식이기 때문이다. 이주노동자들은 주로 외국인 커뮤니티를 통해 정보를 주고받는데, 문제는 그 정보의 출처가 주로 본국의 언론이라는 점이다. 그러한 정보에는 자극적인 내용이 많다. 한국에서 코로나19가 신천지를 중심으로 확산 일로에 있을 때 외국인노동자 커뮤니티를 통해 한국을 떠나야 한다는 말들이 쏟아졌고 실제로 출국한 이들도 많았다. 반대로 한국이 어느정도 안정을 찾은 뒤에는 아예 완벽하게 안전한 곳으로 인지하는 분위기도 있다. 마스크를 쓰는 사람이 많지 않고 각자 농장에 고립되어 있는 농촌 상황에서 방역수칙에 대한 충분한 안내를 받지 못하는 것이다. 싱가포르를 비롯해 미국, 유럽 등에서 이주노동자들의 집단 거주지나 작업장이 코로나19의 감염경로가 된 맥락과 별반 다르지 않다. 농장주들이 도시에 비해 방역 경각심이 떨어진다는 점도 우려스럽다.

현재 질병관리청이 운영하는 코로나19 콜센터(1339)의 경우 한국어, 영어, 중국어, 일본어는 24시간 상담이 가능하지만 베트남어, 타이어, 러시아어, 인도네시아어 등은 일과시간 중에만 통역지원을 받을 수 있다. 그나마 이러한 이용 방법이라도 인지하고 있는 이들은 주변에 조력자가 있거나 한국 생활을 한 지 오래된 경우다. 이런 상황 때문인지 외국인의 입국을 무조건 막자는 말이 쉽게 나오는 것도 이상한 일은 아니다. 하지만 이들이 없다면 당장 제조업은 물론 농어업도 사실상 중단된다. 그동안 정부 당국에서 농업 부문의 외국인 이주노동자 수급 및 관리 문제는 지자체에 거의 맡겨 놓다시피 했으나 이번 영양군의 사례처럼 이 문제는 이제 지자체 수준에서 해결할 수 없게 되었다. 코로나19 상황에서 외국인 인력 수급 문제 또한 국가적 차원의 문제이자 외교적 차원의 문제로 커져버린 것이다. 출입국관리 업무에 과부하가 걸린 상황에서 정부가 농촌에까지 신경 쓸 여력이 있을지 낙관할 수 없다. 다만 비슷한 상황이 벌어진 독일의 경우 지난 4월과 5월에 각각 4만 명의 외국인 계절노동자의 입국을 허용하고, 방역지침 준수에 대한 역할을 정부와 농민단체, 지역 보건부서가 나눠 맡는 등 협력체계를 구축했다. 이는 독일의 국력이나 행정력이 한국보다 앞서기 때문이라기보다는 국가가 농업을 대하는 태도의 차이에서 비롯된 일일 것이다. K-방역이 호명하는 '시민 K'에 우리를 부양하는 외국인 이주노동자들은 처음부터 포함되지 않았던 게 아닌지 짚어볼 일이다.

코로나19 이후를 이야기하려면

'포스트 코로나19' 담론 전성시대다. 많은 이들이 코로나19 이후에 이 사회가 어떻게 변할 것이며 또 그 변화에 어떻게 대응할 것인지를 이야기한다. 정작 그 누구도 코로나19 사태가 대체 언제 끝날지, 과연 그 끝이 있기나 한지 확신하지 못하면서 말이다. 농업 분야에서도 코로나19 문제에 대한 토론회를 열고, 관련 자료도 쏟아내고 있다. 코로나19 이후 세계를 낙관하는 입장에서는 이제 농업은 사람이 아니라 스마트 기술로 모든 것을 대체할 수 있으리라는 확신에서 대안을 찾는다. 하지만 코로나19 이전에도 없었던 농민과 환경을 위한 농업정책이 코로나19 이후에 갑자기 수립될 수 있을 것이라는 전망은 완벽한 착각이다. 비대면 시장에 대해 분석하면서 기존 농산물도매시장의 시스템은 낡은 유물로 취급하고, 온라인 유통체계로의 전면 전환을 주장하는 보고서 같은 것들이 그 예다. 그런 방향이 필요하다면 현행 농산물도매시장의 후진성에 대한 개혁안을 마련하는 일이 우선이어야 하지 않을까. 아예 모든 것을 다 쓸어내고 새롭게 건설하려 할 때 쓸려나가는 것은 제도만이 아니라 거기에 근거하며 살아온 사람들이다. 코로나19 이후에 올 것들을 이야기하기 전에 코로나19 이전에도 부족하던 것들을 이야기하는 것이 먼저여야 할 것이다. 그러지 않으면 어떠한

'이후'도 또다시 소멸할 위험에 처하게 될 뿐이다.

바이러스는 넘고
인권은 못 넘는 경계,
콜센터

김관욱

＊이 글은『창작과비평』통권 188호(2020년 여름)에 게재된
「바이러스는 넘고 인권은 못 넘는 경계, 콜센터」를 수정·보완한 것이다.

바이러스가 비춰준 콜센터 상담사의 현실

코로나19가 발생하고 급격히 확산되기 시작할 때 이런 생각부터 들었다. 시민들의 사회적 거리두기가 강화되면 전화주문과 각종 문의가 빗발칠 테고, 상담사의 업무는 폭주하겠다고 말이다. 공휴일에 밀려오는 '콜 쓰나미'처럼 상담사들이 이 혼란 속에 힘든 일상을 보내겠다고 걱정이 앞섰다. 3월 10일 아침 뉴스에 '서울 구로구 콜센터 직원 28명 집단감염' 소식이 나오고 나서야 그들이 코로나 사태의 직접적인 대규모 피해자가 될 수 있겠다는 생각이 들었다. 콜센터 연구자인 나조차 그들의 열악한 근무환경과 '집단감염'을 단번에 연관 짓지 못한 것이다. 밀집된 공간에서 잦은 목감기로 고생하던 상담사들이 독감 유행 시기나 메르스 사태 때 "단체로 감염이 돼봐야 정신들을 차릴까"라며 자조 섞인 한탄을 하던 것이 그 제서야 떠올랐다. 실제로 구로구 콜센터와 관련하여 3월 22일까지 관련된 확진자가 152명(콜센터 근무 직원 96명, 접촉자 56명)으로 집계됐다. 이에 대한 사회의 초기 반응은 또다른 집단발병의 도화선이 될까 우려하는 목소리였다. 곧이어 콜센터 상담사에 대한 부정적 시선도 잇따랐다. 왜 이미 인후통 등의 증상이 발생하기 시작했는데도 자가격리나 신고를 하지 않고, 위험하게 밀집된 공간에서 업무를 지속했느냐는 것이었다. 즉 당신들은 왜 시민으로서의 '의무'를 지키지 않았느냐는 비난이었다. 특히 감염자들의 이동 범위가 인천, 경기도에 이른다고 공개되고 이들이 이용한 대중교통 노선과 방문 장소들이 알려지면서 원망 섞인 비난이 증가했다.

한편으론 확진자들의 동선이 공개되면서 안타까운 마음을 표한 이들도 있었다. 시민들에게 사회적 거리두기가 요청되는 순간에도 구로 콜센터에 출근하기 전 이른 새벽 증권가에 배즙 배달을 해야 했던 상담사가 있었다. 여기에 콜센터 집단발병 기사가 난 지 이틀이 지난 12일, 코로나19 사태 이후 폭증한 배송 업무를 처리하던 40대 신입 '쿠팡맨'이 새벽배송 중 사망하면서 열악한 노동환경에서 일하는 노동자들에 대한 관심의 목소리도 나오기 시작했다. 그러던 와중에 확진 판정을 받았던 구로 콜센터 여직원의 남편이 4월 7일 사망했다는 소식이 전해졌다. 이는 서울시의 첫번째 사망

사례였다. 이런 분위기 속에 4월 10일 구로 콜센터 감염자에 대해서 코로나19로 인한 제1호 산업재해 판정이 났다.

콜센터와 관련된 이 모든 일이 불과 한달 사이에 일어났다. 연구자에게는 이 모든 과정이 비현실적으로 다가왔다. 특히 3월 11일 집단발병과 관련하여 민주노총 서비스연맹 서비스일반노조 콜센터지부가 긴급 기자회견을 열었는데 그 현장의 사진이 놀라웠다. 사오십명 취재기자들의 북적거리던 모습 때문이었다. 언제 언론이 이처럼 콜센터 노동자의 목소리에 귀를 기울인 적이 있었던가. 예능프로의 소재로, 감정노동의 대표 예시 정도로 미디어에서 소비되어오던 콜센터에 플래시 세례라니. 코로나19 집단발병 직후 고용노동부가 발표한 '콜센터 사업장 예방지침'에는 '책임의 주체'가 없었다. 콜센터는 대부분 하청업체로 이루어져 있기 때문에 사건이 발생하면 그것을 책임질 주체가 '원청'인지 '하청업체'인지 명시되어야만 한다. 전국에 1000여곳의 콜센터가, 그중 서울에만 520여곳이 있으며, 적어도 40만명의 노동자가 근무하고 있다고 한다. 이들에게는 전염병 발병 시 책임져줄 주체는 물론 함께 항의할 노동조합마저 지극히 부족하다. 노동조합의 경우 필자가 확인 가능한 곳이 네군데(다산콜센터, 경기콜센터, 텔레웍스, 텔레닉스)뿐이다. 겨우 0.004%다.

상담사의 몸은 전염병을 확산시킬 수 있는 위태로운 존재가 되고 나서야 겨우 주목을 받았다. 소위 '생물학적 시민권'(biological citizenship)* 인 셈이다. 존재 자체로 의미를 존중받는 것이 아니라, 병이 깃든 생명체로서만 그 의미가 채워지는 존재 말이다. 즉 건강한 상담사보다 바이러스에 감염된 상담사가 시민에 가까운 현실이다. 이 글은 이러한 상담사들의 현실에 대해 자세히 다루고자 한다. 코로나바이러스에 기대지 않고 말이다.

담배 피우는 상담사

콜센터 상담사를 주제로 소설을 쓴다면 첫 장면은 무엇으로 시작할까? 감정노동을 대표하는 직업인 만큼 폭언 앞에 쩔쩔매고 있는 상담사를 묘사할지 모른다. 그렇다면 제6회 수림문학상을 수상한 김의경의 소설 『콜센터』(광화문글방 2018)는 어떤 장면으로 시작할까? 피자 프랜차이즈 콜센터에서 실제 상담사 일을 했던 작가가 고른 장면은 '담배연기로 자욱한 옥상'이었다.

---

* Adriana Petryna, "Biological citizenship: The science and politics of Chernobyl-exposed populations," *Osiris* 19, 2004. 인류학자 페트리나는 1986년 우끄라이나에서 발생한 체르노빌 핵발전소 폭발 사건을 조사했다. 그녀는 당시 피해자인 시민들이 의학적으로 손상을 입은 자신의 몸을 입증함으로써 시민으로서의 권리를 부여받는 현실을 목격했다. 그는 이렇게 의학적 권위에 의해 인정받은 병든 몸만이 시민권의 근거가 된다는 점에 주목하여 '생물학적 시민권'이라는 개념을 소개했다.

5층짜리 (주)엔씨파워 건물 옥상에서 연기가 뿜어져 나와 서너 개의 머리 위에서 흩어졌다. 삼삼오오 옥상 난간에 기대어 담배를 피우는 여자들의 입에서 독한 연기와 함께 탄식이 흘러나왔다. (…) 주리가 (…) 힘들게 끊은 담배에 불을 붙이려는 순간 (…) 현아 실장이 뛰어 들어왔다. "빨리빨리 내려가. 민원 들어왔어. 담배 피우는 것들 다 고소한대." (『콜센터』 7~8면)

소설의 첫 장면과 끝 장면에서 옥상 흡연구역은 중요한 장소로 부각된다. 옥상은 상담사들의 도피처이자, "걱정과 분노로 가득한 장소"(225면)로 묘사된다. 이들의 흡연은 악성 고객의 쓰나미 속에서 없어서는 안 되는 필수품처럼 그려진다. "담배 안 피우면 이 일 못해요."(8면) 이렇듯 담배는 힘든 감정노동의 일상을 간접적으로 드러내주는 구체적 사물로 등장한다. 그런데, 이 장면에서 무언가 이상하게 느껴지지 않는가? 콜센터이기 때문에 여성의 흡연을 너무 자연스레 받아들이는 것은 아닌지 말이다. 힘들다고 담배를 권하거나 용인하는 것은 남성 사이에는 흔히 통용되는 일이지만, 한국사회에서 여성의 흡연에 대해 이만큼 관대한 곳은 드물다.

현실은 소설 속 현아 실장의 외침에 가깝다. 여성의 흡연은 '민원'의 대상이다. 간접흡연 따위의 문제가 아니라 담배연기가 '여성'으로부터 나왔기 때문이다. 필자가 2012년 서울의 대규모 콜센터에 이동금연클리닉 상담사로서 방문하게 된 계기도 바로 이런 '민원' 때문이었다. 인근 아파트 주민들이 자녀들 교육에 좋지 않다고 여성상담사의 '공공연한' '지나친' 흡연에 대해 민원을 넣었고, 필자는 이를 해결하기 위한 방편 중 하나인 금연상담을 위해 인근 보건소를 통해 파견된 의사였다. 주민들은 여성상담사들을 자녀들에게 올바르지 못한 행동(흡연)을 '전염'시키는 위험요소로 보았다. 당시 해당 업체에서 확인된 여성상담사 흡연율은 37%였고, 이는 비슷한 시기 일반 성인여성 흡연율 6.2%의 다섯배를 넘는 수치였다.[1] 필자는 단순히 콜센터 상담사의 높은 흡연율에 주목하는 것이 아니다. 그보다 왜 콜센터라는 공간이 유독 여성들의 '흡연천국'이라는 오명을 얻었는지에 집중한다.

『콜센터』에는 "헬리콥터를 타고 위에서 내려다본다면 하루 종일 담배 연기가 끊임없이 올라오는 건물은 전국에서 이 건물뿐일 거"(8면)라는 표현이 나온다. 마치 콜센터 건물이 굴뚝을 지닌 공장처럼 하얀 연기를 쉴 없이 뿜어내는 모습이다. 그런데 필자는 이같은 표현을 전세계 콜센터 산업의 중심에 서 있는 인도의 사례를 다룬 글에서도 본 적이 있다. 미국 사회학자 셰자드 나딤(Shehzad Nadeem)은 인도 콜센터 현지조사를 통해 "인도 테크놀로지 파크에서 올라오는 얇은 담배연기 기둥들은 디지털혁명의 어두운 측면을 상징한다. 이것은 공장굴뚝에서 뿜어져 나오는 검은 구름들이 산업혁명의 폐해를 상징하는 것과 같다"고 설명한다.[2] 인도의 상담사들은 까다로운 백인 고객들을 대상으로 시차와 인종차별 등의 문제를 견뎌내야 했다. 나딤은 인도의 외국계 콜센터 기업들이 상담사들을 회유하고 붙잡아두기 위해 상대적으로 높은 월급 외에도 담배, 술, 파티 등 인도에서, 특히 여성으로서 경험하기 어려운 서구의 자유분방한 문화를 제공한다는 점을 밝히면서 담배연기 기둥의 의미를 공장굴뚝에 비유한 것이다.

김의경이 지독한 감정노동의 현실을 표현하는 수단으로 여성상담사의 흡연 장면을 사용했다면, 사회학자 나딤은 산업혁명의 폐해에 견줄 만한 디지털혁명의 부작용을 입증할 증거로서 담배연기를 제시하고 있다. 나딤의 주장은 산업혁명의 발생지인 영국의 사례를 통해 뒷받침된다. 영국 정치평론가 오언 조운즈(Owen Jones)는 자신의 책 『차브』(Chavs, 한국어판 이세영 옮김, 북인더갭 2014)에서 다음과 같이 영국 콜센터 산업의 의미를 설명한다.

지금(2011년—인용자)은 거의 100만 명에 이르는 사람들이 콜센터에서 일하며, 그 수는 해마다 늘고 있다. 이는 1940년대 석탄산업의 절정기에 약 100만 명에 달하는 노동자가 탄광으로 내려간 것과 비슷하다. 광부들이 전후 영국 산업을 상징하는 아이콘이라면, 오늘날은 콜센터 상담원만큼 노동계급을 제대로 대표할 만한 존재는 없다.[3]

조운즈가 묘사한 영국의 풍경은 제조업이 몰락한 후 텅 빈 공장 부지에 그 지역의 값싼 여성노동자들을 고용하며 들어선 콜센터들이었다. 그곳에서 여성상담사들은 상시적인 통제와 감시에 노출되고, 짧은 휴식 시간과 낮은 월급, 그리고 언제 해고될지 모르는 파견근무 혹은 파트타임 노동이라는 현실에 처해 있었다. 이것은 영국이 산업근대화 이후 마주한 현실 중 '일부'에 국한된 것이 아니라 '전체'에 대한 대표적 묘사라 할 수 있다. 그런데 조운즈의 이같은 영국 현실 묘사가 낯설지 않다. 이는 필자가 2014년부터 1년간 현지조사를 시행한 서울디지털산업단지의 과거와 현재의 모습을 보는 듯했다. 1960년대 중반부터 한국의 대표 수출산업공단이던 구로공단은 산업전사라 불리던 젊은 여공들이 섬유 및 전자기기 공장에서 '타이밍'이라는 고카페인 각성제를 복용해가며 밤샘 작업을 하던 곳이다. 이곳에는 1997년 외환위기 당시 '첨단화 계획'에 의해 거대한 아파트형 공장들이 들어섰고, 그 안에 다수의 콜센터 업체들이 입주했다. 콜센터 산업이 과거 공장의 대치라면, 여성상담사는 여공을 대신하는 노동자라 할 수 있을 것이다. 즉 '공순이'에서 '비정규직'으로 이름만 변했을 뿐, 쉽게 뽑고(학력 및 자격조건 낮음), 쓰고 버려지는(비정규직 하청 직원) 존재이니 말이다. 그 둘의 공통점은 자연스러운 노동력의 한계를 넘어서서 일을 해야만 한다는 점이 아닐까 싶다. 그 증거가 '타이밍'(수면주기 극복)과 '담배'(감정의 한계 극복)라 할 수 있다. 그 결과 과거 여공들이 섬유 먼지 속에서 집단으로 과로하며 폐결핵에 걸렸다면, 오늘날 여성상담사들은 끊이지 않는 콜 속에서 밀집된 공간에 모여 쉼 없이 상담하다 코로나바이러스에 집단 노출된 것이 아닐까.

닭장으로 비유되는 지독한 공간

콜센터를 비유적으로 표현하는 단어가 있다. 닭장. 참으로 지독한 표현이다. 규격화된 공간에서 동일한 도구들(모니터, 키보드, 헤드셋)을 이용하며 네모난 격자 속에 갇힌 듯 일하는 모습을 두고 한 말일 테다. 외국의 학자들 또한 양계장 같은 "대량사육 농장"(battery farms), 20세기형 "노동착취공장"(sweatshop), "현대판 어두운 악마 같은 공장"(tomorrow's dark satanic mills), "커뮤니케이션 공장"(communication factories) 같은 표현으로 콜센터의 물리적 구조와 노동의 형태를 묘사한다. 그렇지만 콜센터 환경에 대한 아래의 상담사 인터뷰 내용은 '닭장'이 그저 외형적 비유에 그치지 않음을 보여준다.

K콜센터는 지금 4월인데 에어컨을 켠다. 어느 날 점심 후에 스산했다. 봤더니 에어컨을 켰더라. 그래서 난 에어컨 가동 시험 중인가보다 생각했다. 그런데 졸지 못하게 하는 거다. 팀장에

게 물어보니 사람이 많아서 저쪽이 덥다고 그래서 켰단다. 덥기는 무슨. 요즘 봄이라서 나른해서 졸지 말라고 켠 거다. 요즘 아주 약하게 맨날 틀고 있다. 쌀쌀해서 상담사들이 4월인데 목도리, 카디건 두르고 일한다. (…) 그리고 K콜센터는 창을 가린다. 햇빛이 없는데도 블라인드를 내린다. 왜? 콜만 열심히 하면 되지 창밖을 볼 필요 없다는 거다. 멍하니 시간 보내고 있지 말고 일하라는 거다. "너는 콜순이, 하루살이 인생"이라고 보는 거다. (50대 후반 여성, 카드회사 아웃바운드 상담사)[4]

위의 진술에서 보이듯 콜센터는 상담사들의 업무 능률을 높이기 위해 의도적으로 에어컨을 가동한다. 또한 단 몇초라도 외부로 시선이 쏠리는 것을 막기 위해(보통은 상담객의 개인정보를 보호하기 위해서라 변명하지만) 창문을 가린다. 달력과 시계마저 일부러 배치하지 않은 곳도 있으며, 실장의 자리를 직접적 감시가 편하도록 정중앙 약간 높은 단상 위에 배치하거나 상담사들의 이석을 최대한 억제하기 위해 휴게실 길목에 배치한 곳도 있다. 상담사들이 빠르게 감정을 조절할 수 있게 흡연실을 옥상이 아닌 상담실 바로 옆 테라스에 배치한 곳도 있다. 또한 실장은 수시로 휴게실, 화장실을 체크하며 이석한 상담사들을 제자리로 몰아간다.

통제와 감시는 이렇게 물리적 차원에 국한되지 않는다. 상담사들은 '자동전화분배기'(Automatic Call Distributor)라 불리는 기

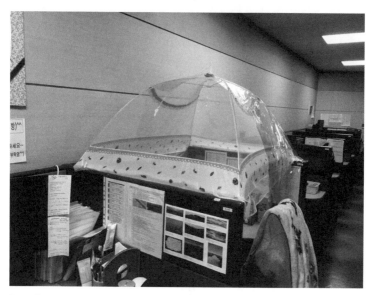

[그림 1] 한 콜센터에서 강한 에어컨 바람을 피하기 위해 자리에 가림막을 한 사진(필자 촬영).

계를 통해 통화가 끝나자마자 바로 다음 콜이 자동으로 배분된다. 그렇기 때문에 실장들은 '콜은 언제나 밀린다'라고 외치며 통화를 재촉한다. 끊임없이 이어지는 콜 연결에 대해 한 상담사는 과거 여공처럼 "전화기로 미싱하는 듯하다"고 표현하며 자신을 '콜공장'에서 일하는 '콜순이'로 불렀다. 한편 콜 내용 역시 실시간 녹취되며 평가가 이루어지고, 화장실과 휴게실 혹은 흡연실 이용을 위한 이석 시간도 초단위로 모니터링된다. 특히 필자를 놀라게 한 것은 화장실 이용에 대한 다음과 같은 통제였다.

집중시간이 하루 두 번 있다. 이석 금지시키는 시간이다. 오전 9시부터 10시, 오후 4시부터 6시 3분까지다. 이때는 화장실 가려면 팀장한테 승인을 받아야만 한다. 그리고, 이 집중시간이 끝나면 화장실이든 어디든 갈 수가 있는데 무조건 한번에 한명씩만 이석해서 갔다 올 수가 있다. 한 팀당 한 12명 정도이다. 단체 메신저에 화장실을 갈 거면 이석할 거라고 올리고 간다. 급하면 미리 부탁하는 글을 올린다. 즉, 메신저 창에 "손" 또는 "ㅅ"만 쓰면 된다. 화장실 가려고 손 들었다는 의미다. 화장실을 다녀와서는 "내림" 또는 "ㄴㄹ"이라고 메신저 창에 올린다. (…) 그런데 휴식 시간은 하루 총 20분밖에 없다. 그것도 총합이다. (20대 중반 여성, 휴대폰 서비스센터 인바운드 상담사)[5]

과거에는 화장실을 가기 위해 직접 손을 들거나 자신의 자리에 푯말을 꽂아놓아야 하는 곳도 있었다고 한다. 화장실 이용을 최소화하기 위해 물을 자주 마시지 말라고 지시하거나 아예 정수기를 멀리 치우는 경우도 있었다. 앞의 인터뷰를 한 상담사는 화장실 이용을 위해 성인으로서 허락까지 맡아야 하는 상황이 수치스럽다고, "이젠 초등학생도 이러진 않는다"고 격분하며 이야기했다. 즉 화장실 이용을 위한 손들기는 화장실을 이용하지 말라는 지시와도 같은 셈이다.

앞서 끊이지 않는 자동 콜 배분에 대해 이야기했다. 학자들은 이

것을 '테일러리즘'(Taylorism)
의 일환으로 분석하며 소위
'전자식 파놉티콘'(Electronic
Panopticon)이라 표현하기도
한다.[6] 그런데 테일러리즘의 핵
심은 작업공정의 단순화에 의한
속도 개선에 있지 않다. 그 진정
한 목표는 바로 노동자가 '실적
에 따른 월급 상승'에 몰두하게
만드는 것이라 한다. 주어진 단
순공정을 빠르게 반복함으로써

[그림 2] 콜센터 내부 서열 도표

더 많은 작업량을 달성할 수 있게 유도하는 것이다. 콜센터는 이같
은 측면에 있어서는 최적화되어 있다. 일일 통화량 및 통화품질에
대한 평가를 통해 매달 개별 상담사마다 등급을 '찍어'(그림 2 참조)
월급을 차등지급한다.

S등급이 25등까지이고 27만원을 인센티브를 준다. A등급은
22만원, B등급은 15~16만원, C등급은 10만원, D등급은 5만원이
다. (…) 사실 난 이렇게 등급을 매기는 것도 싫고 내가 54등인
것도 서글프다. 내가 더 빨리 능숙하게 하는 사람들보다 못할까
싶다. 그래서 기분이 우울하다. 기분이 다운됐다. 그런데 한편으

로는 우울하지만 더 노력해야지 하는 생각도 있다. 그런데 또 한 편으로는 나보다 밑에 있는 사람들 생각하면 더 우울하다. (…) 평가에서 참여도(칭찬)가 있다. 이건 상담이 끝날 때 '너무, 진짜, 정말, 진심으로' '고맙습니다, 감사합니다' 이런 말을 하면 추가로 점수를 얻는 것이다. (…) 칭찬의 경우 한번에 0.3점 가산이다. (…) 그리고 평가 기준 중에 CPD(call per day)가 35점/100점으로 가장 크다. 그래서 무조건 콜을 많이 받아야 한다. 그래서 사실 많이 물어보면 짜증난다. 나중에 통화 끊고 '아이, **같은 **가 왜 이 **!!!'이라고 욕도 한다. 예전에 CPD는 굉장히 심했다. 정말 콜 수를 실시간으로 쪽지를 계속 보냈다. 콜 많이 받으라는 등 정말 압박이 장난이 아니었다. 그때는 콜 수가 차지 않으면 퇴근도 못했다. 이때 하던 이야기가 '친절, 정확, 신속'이었다. (40대 중반 여성, 공공기관 인바운드 상담사)[7]

엄밀히 말하자면 닭장과 콜센터는 정반대이다. 닭은 철조망 속에 갇힌 채 강제로 묶여 있지만, 콜센터는 철조망도 없고 가두기는 커녕 붙잡지도 않는 곳("가만히 앉아서 전화만 받는 게 힘들어요? 힘들면 당장 나가요. 마트나 공장으로 가세요", 『콜센터』101면)인데도 불구하고 쉽게 떠날 수 없는 곳이다. 콜센터는 경력이 딱히 없거나 단절된 여성에게 '면접 기회라도' 주어지는 '마지막 관문'과도 같은 곳이다. 다른 직장에 취직할 수 있었다면 애초에 콜센터에

오지 않았을지 모른다. 악성 고객으로 인해 상처받고, 몸과 마음이 조금씩 힘들어지면서 "내가 왜 이 일을 하고 있나" 스스로 자괴감에 빠지는 상담사들이 많았지만, 이들을 더욱 괴롭게 만드는 것은 그럼에도 막상 다른 일을 찾을 수 없다는 현실이다. 스스로의 이런 처지를 "값싼 일회용 배터리" "불판 위 마른 오징어"와 같은 은유적 표현으로 빗댄 상담사도 있었다. 능력이 소진되면 언제든 버려질지 모르는 수많은 구직 여성 중 한명. 부당한 업무 지시와 강요에 고개 들고 한번 제대로 항변해보지도 못하는 위축된 여성. 닭장이라는 표현이 너무나 지독해 보이지만, 그 밖 역시 지독히도 '살아남기' 어려운 정글처럼 여기고 있었다.

머리 검은 짐승이 사람대접받는 콜센터

콜센터 하면 가장 먼저 '감정노동'과 '악성 고객'이라는 단어가 연상될 것이다. 각종 미디어를 통해 드러난 것처럼 폭언에 시달리며 정신적 고통으로 약물치료까지 받고 있는 상담사들이 많은 게 현실이다. 현지조사를 통해 상담사들이 고객 이외에도 팀장 및 실장과 같은 직장상사는 물론이고 함께 일하는 동료들로부터 수모를 당하면서도, 그같은 모욕스러운 경험을 그저 견뎌내고 있음을 알수 있다. 우선 고객의 경우부터 보자. 상담사들이 고객들의 가시 섞인 말투나 비아냥대는 지적들에도 항상 '미소 띤 음성'을 발화하도록 강요받고 있음을 우리는 감정노동이라는 용어를 통해 익히 알고 있다. 인터뷰를 했던 일부 상담사는 평소 이러한 습관으로 인해 일상에서도 말투가 상냥해져서 주변으로부터 긍정적으로 평가받는다고 말하기도 했다. 그렇지만 콜센터 근무 이후 평소 말투가 오히려 거칠어졌다는 이야기를 훨씬 많이 들을 수 있었다. 카드회사에서 일하는 30대 초반 여성의 경우 자신의 "입이 더러워진다"고 표현할 정도였다. 그녀는 입사 당시에는 욕도 제대로 못했는데 이제는 성격이 예민해지고 감정이 소진되어 퇴근 후 가족들 앞에서 자신도 모르게 욕을 하게 되는 상태에 이르렀다고 한다. 그럴 때마다 "어, 내가 왜 이러지" "나 원래 안 그랬는데 우울하다"와 같이 느끼면서 더 큰 자괴감에 빠져든다고 말한다. 이렇게 상담사들은 근무 중에는 고객들의 입에서 나온 욕설에 노출되고, 퇴근 후에는 자신의 입에서 나온 욕설에 노출되어야 하는 두겹의 폭력을 마주한다. 탈진되고 거칠어진 마음을 달래는 가장 흔한 개인적 해결책은 바로 폭식이었다. 필자가 인터뷰한 상담사 중 8개월 만에 15킬로그램, 1년 만에 15킬로그램이 증가한 이들도 있었다. 이와 같은 체형의 변화는 또다시 자존감 하락으로 연결되었다. 그 최종 결과 스스로를 혐오하고 욕하는 상태까지 이른 경우도 있었다. 고객에게서 시작된 욕설이 상담사의 가족과 주변인으로, 그리고 결국 자신에게로 전파된 셈이다.

그런 한편 상담사들은 고객한테서 받는 스트레스와 모욕보다 직장상사인 팀장과 실장으로부터 받는 고통이 더욱 심하다고 말했다. 고객은 비대면 상태이지만, 상사는 대면한 상태에서 상시적으로 지적을 하기 때문이다. 8년 경력의 우수상담사인 50대 여성은 오랜 경력과 뛰어난 상담 능력에도 불구하고 어느 하루도 마음 편한 날이 없다고 말했다. 자신은 '하루살이 인생', 스무살이나 어린 팀장은 '교주'라 칭했다. 퇴사하는 팀장에게 '황산이라도 뿌리고 싶었다'고 고백할 정도였다. 팀장들이 가장 자주 사용하는 모욕의 기술은 여러 상담원 앞에서 공개적으로 실수를 언급하고 꾸짖는 것이었다. 이같은 모욕의 경험은 시간이 지나도 잊히지 않을 만큼 수치스럽다고 한다. 특히 콜센터에 입사한 초기 시절에 경험한 일들은 더욱 잊히지 않는 고통으로 남는다고 말한다. 아래에 소개할 내용은 필자가 현지조사 중 알게 된 40대 중반의 여성상담사가 개인 SNS에 게시한 글로, 2017년 3월 출근길에 특성화고 3학년 여학생이 자살한 사건 기사를 접하면서 느낀 감정이다. 그 학생은 현장실습생으로 5개월간 통신사 콜센터 해지 방지 부서에서 일했다고 알려졌다.

신입상담사에게 콜 수를 채우는 일은 벌받는 느낌이다. K콜센터는 나이 40에 처음 들어간 콜센터였다. 검색능력도, 타자도 느린 신입은 모두가 퇴근한 텅 빈 상담석에 홀로 앉아 시간당 13콜이라는 콜 수를 채우기 위해 전화를 받고 오늘 몇 콜을 받았는지, 상담완료 콜은 몇개였는지 일일상담일지에 남기고 팀장에게 보고를 하고 퇴근을 해야 했다. 자괴감과 모멸감과 허탈함과 '나는 무능력한 인간인가보다'라는 생각을 하던 퇴근길을 6년이 지나도 잊을 수가 없다. 오늘 아침 출근길에 기사의 헤드라인을 보고 신입 시절이 생생히 기억났다. (…) 이제 그 악몽은 사라졌다 생각했는데 기사의 헤드라인 "콜 수 못 채웠어"에 소름끼치는 모든 기억이 되살아났다.

타인과 비교되는 무능력함, 그리고 그것을 스스로 자각하게 만드는 모멸적인 시스템, 퇴근 후 홀로 시행한 '나머지' 콜상담 경험은 6년이라는 시간이 지나도 사그라들지 않았다. 온몸으로 기억하는 소름끼치는 기억들이었다. 모두가 떠나고 홀로 남은 상담실은 아마도 다른 동료들과 무능력한 자신을 자연스럽게 비교하게 만드는 공간이었을 것이다. 바로 이 지점에서 마지막으로 남은 또 하나의 모욕을 소개하고자 한다. 그것은 바로 동료 상담사들이 주는 모욕이다. 콜센터에 대한 논의에서 자주 놓치는 대목이지만 매달 등급제 평가를 통해 상담사 간 순위가 매겨지고 이에 따라 인센티브가 차등 지급되는 콜센터의 임금체계를 고려해본다면 쉽게 예상할 수 있는 지점이다. 특히 '경주마'(열심히 실적만 보고 선두에서 달리는 상담사)로 불리는 우수상담사의 경우 쉽게 다른 상담사들의 비난의 대상이 되고는 한다. 필자는 카드회사에서 신규고객을 유치하는 데 훌륭한 능력을 지녔던 50대 상담사를 통해 콜센터 내 동료 간 왕따 문화, 끼리끼리 문화에 대해 다음과 같은 내용을 들을 수 있었다.

"A콜센터를 그만둔 이유는 **지속적 왕따** 때문이다. (…) 사실 팀장은 같은 팀원 사이에 경쟁을 붙인다. 근데 이게 너무 심해. 그래서 상담원들이 끼리끼리 뭉친다. 그래서 또 희생양을 찾는다. 뒷담화를 위해. 그러니 적당히 어울리고, 음담패설을 하고, 팀장도 같이 욕하고 그래야 하는데 내가 그걸 안 한 게 문제였다. **그런데 나 역시 꺼리는 사람들이 있다.** B라고 있다. 입원도 하고 울기도 하고. 3일 동안 접수가 한 건도 없던 때가 있었다. 집안일도 얽히고. 그래서 스트레스가 엄청 많았다. 접수가 빵, 빵, 빵 이렇게 연달아 없었다. 그러면 스스로 물러나든지 해야 하는데 내가 잘하니깐 나한테 접근을 한 거다. 그런데 난 안다. **"머리 검은 짐승은 키우는 게 아니라"**고! 왜냐하면 결국 내 경쟁자가 될 거니깐. 그리고 한 명 더, 술 먹고 차에 돌진해서 치여 죽은 남편이 있는 여자가 있었다. 나는 얘가 불쌍해서 가르쳐 줬는데 어느 순간 나보다 잘하기 시작했다. 그래서 난 그 애가 싫어졌다. 하하하. 그래서 알게 됐다. 나도 똑같았구나 하고."[8]

과도한 경쟁을 부추기는 팀장으로 인해 팀원 사이에서 희생양을 찾게 되는 끼리끼리 문화. 앞의 인터뷰는 상담사들이 어느 순간 마치 '머리 검은 짐승'처럼 약육강식의 순위경쟁에서 서로를 위협하는 존재가 되어버릴 수 있다는 것을 잘 보여준다. 상담사들은 매일 아침 업무 시작 전에 팀장한테 '빵셔틀' '커피셔틀' '과일셔틀'과 같이 나름의 상납을 경쟁적으로 행한다고 한다. 좋은 고객 데이터를 받기 위해 팀장한테 출근과 함께 눈도장을 찍는 셈이다. 그렇게 받은 리스트를 통해 상담사 간의 경쟁에서 우위를 차지해 한달에 약 15만원 안팎의 월급 차이를 만들 수 있다고 한다. 또한 콜센터에서는 정말로 마치 경마경기처럼 '스폿 프로모션'이라는 이벤트를 열어 상담사 간 실적 경쟁을 유도하기도 한다. 이것은 적당한 상금(천원에서 삼천원가량)을 넣은 편지봉투를 창문에 붙여놓고 접수를 성공하는 상담사 순으로 봉투를 떼어가게끔 하는 것이다. 돈 봉투 대신 과자를 걸어놓고 할 때도 있다. 상담사들이 헤드셋을 '투구'라고 표현하는 것을 들었는데 그것이 과장이 아닌 듯했다. 앞만 보고 달리는 경주마가 되라는 부추김 속에서 고객, 팀장, 동료 그 어디에도 쉽게 의지할 데가 없는 것이 바로 콜센터 상담사들의 현실이다.

콜센터라는 전쟁터에서 매일 싸워나가면서 많은 상담사들이 크고 작은 내상/부상을 입는다. 두통, 만성피로, 불면증, 청력손실, 위장장애, 피부질환, 그리고 각종 근골격계 통증을 거의 "일종의 의무"처럼 당연스레 지니고 있었다. 여기에 앞서 이야기했듯 폭식에 의한 급격한 체중 증가, 이로 인한 역류성 식도염과 생리불순을 겪는 경우도 잦았다. 이러한 일상적 아픔들 이외에도 극심한 스트레스로 인해 안면마비가 생기거나 공황장애 등을 앓는 상담사들도 있었다. 이 모든 현실을 들여다볼 때 서두에서 언급한 "담배 없이는 이 일 못한다"라는 말이 이해가 되기도 한다. 하루하루 당장의 성과가 중요한 콜센터에서 언제 있을지 알 수 없는 흡연의 폐해를 걱정하고 있을 여지란 없을지 모른다.

콜센터 내부에서 경쟁은 개인 상담사끼리만 하는 것이 아니다. 필자가 방문했던 400명 넘는 규모의 콜센터는 하나의 원청회사에 보통 3개 정도의 하청업체가 입주해서 함께 근무하는 구조였다. 매일 각각의 하청업체는 서로 실적 경쟁을 했다. 개개인의 상담사에서 시작해 하청업체에 이르는 다단계의 경쟁구도(그림 2 참조)야말로 밖에서 전염병이 확산되고 있어도 제대로 된 방역대책과 예방수칙 없이 경주마처럼 앞만 보고 달리게 만든 근본적 원인일 것이다. 이 상황에서 각종 사고에 대한 책임을 누가 질지는 불분명하고, 노동조합을 결성해서 집단의 목소리로 저항을 한다는 것이 또다시 얼마나 많은 모욕들을 견뎌내야 하는 일일지 가늠하기 어렵다. 필자가 한국 내 최초의 콜센터 노동조합을 결성한 곳에서 현지조사를 시행한 결과 노동조합을 결성한 집행부원들이 회사 측으로부터 극심한 '직장 내 따돌림'을 겪었음을 알 수 있었다.[9] 공개적 혹은 개인적 '비아냥'과 '노골적인 비하'는 물론이고 비조합원 상담사들로부터 물리적으로 고립되었다고 한다.

코로나19 이후에는 덜 아프기 위하여

코로나19 사태로 콜센터 상담사의 열악한 현실이 일순간 주목받는 일이 벌어졌다. 하지만 그 관심의 결과 마련된 지침들은 '책임의 주체'가 명확하지 않아 실제 현장에서는 무의미한 경우가 많았다. 구로 콜센터 집단감염에 모인 사회적 주목의 주된 이유가 상담사들의 건강에 대한 걱정인 것은 맞는지 의구심이 들기도 한다. 혹시 이들을 통해 바이러스가 콜센터라는 경계선을 벗어나는 것이 더욱 두려운 것이 아니었을까 의문이 든다. 이러한 회의감은 단지 사회에 대한 막연한 불신으로부터 생긴 것이 아니다. 2014년 한 콜센터 업체에서 30대 남성이 부당한 노동 강요를 고발하는 유서를 남기고 자살한 사건이 있었다. 그런데 3년 뒤 바로 그 콜센터에서 3학년 여고생이 자살하는 일이 벌어졌다. 누군가 동일한 콜센터에서 스스로 목숨을 끊을 동안 콜센터는 마치 사회와 격리된 공간인 듯 주목받지 못해왔다. 그렇게 코로나19 사태 이전부터 상담사들은 무관심 속에 아파왔다. 코로나바이러스가 그토록 쉽게 콜센터라는 경계선을 넘어 세간의 이목을 집중시켰는데, 왜 그동안 인권은 그 경계선을 넘어서지 못했을까. 코로나19 사태 이후를 준비하며 한국사회가 다시금 진지하게 그 답을 찾아야 하는 시간이다.

코로나19와 아시아의 타자화
: 독일의 공론장에서 드러난
자국중심적 서사

이은정

*이 글은『황해문화』제108호(2020년 가을)에 게재된
「코로나와 아시아의 타자화」를 수정·보완한 것이다.

코로나19 이후의 세계는 정말 그 이전과는 다른 사회가 될 것인가? 모두들 코로나19 이후의 사회는 이전과 다를 것이라고, 또는 달라져야만 한다고 이야기한다.[1] 그러나 21세기 유럽 각국이 코로나19 위기에 대처하는 방식을 보면, 위기 이후의 사회가 이전과 다른 사회가 되리라는 기대가 과연 근거가 있는 것인지 묻게 된다. 전근대 시기에 알지 못하는 전염병에 대한 두려움으로 패닉에 빠졌던 사회에서 관찰된 것과 현재 우리가 경험하는 현상 사이에 본질적으로 큰 차이가 없기 때문이다.

유럽에서 코로나19의 시간은 에드워드 사이드(Edward Said)의 오리엔탈리즘 비판 이후 40년이 넘게 이어진 문화비판적 성찰의 필요성에 대한 논의가 뿌린 씨앗이 아직 싹도 피우지 못한 것이 아닌지 의심하게 만들었다. 유럽인들이 가지고 있는 비유럽사회에 대한 이미지가 유럽인들의 필요에 의해 만들어진다는 사실은 더이상 설명할 필요가 없을 정도로 기본적인 상식이 되었고, 이 문제를 유럽인들 스스로 비판적으로 성찰하기 때문에 별도로 논의할 필요가 없다는 문화학자 뵈켈만(F. Böckelmann)의 주장[2]이 근거없는 이야기였음이 이번 코로나 19 위기 속에서 여실히 드러났다. 유럽인들은 지금도 여전히 자신의 필요에 따라 비유럽사회에 대한 그림을 그리고 그들을 타자화하고 있다. 하버마스(J. Habermas)가 말한 것처럼 코로나바이러스에 대해 우리가 아는 바가 없다는 사실을 너무 잘 알고 있는 지금,[3] 서구 여러 나라에서는 알지 못하는 것에 대한 두려움이 아시아에 대한 타자화로 표출되고 있다. 타자화 속에 잠재되어 있던 폭력성이 물리적인 폭력으로 분출되는 사태도 계속 발생한다. 2020년 2월, 중국에서 발생한 코로나19에 관해 이야기하면서 "약간의 인종차별주의는 허용된다"[4]고 말하는 『슈피겔』(Der Spiegel)의 정치풍자 글을 우리가 단순히 웃어넘길 수 없는 이유가 바로 여기에 있다.

이 글은 코로나19와 관련해 유럽의 공론장에서 동아시아가 타자화되는 서사의 구조 분석에 그 포커스를 맞추었다. 특히 2020년 1월 이후 독일의 언론보도가 분석 대상이다.* 독일은 유럽에서 영

---

* 이 글은 독일 언론의 보도에 대해 광범위하고 체계적인 조사·분석을 한 것이 아니

국, 이딸리아, 프랑스, 스페인과 함께 코로나19 발생률이 높은 국가에 속하고, 신문을 비롯한 주요 대중매체가 여전히 여론을 주도하는 역할을 하며, 사회적·정치적으로 많은 영향을 주고 있기 때문이다.[5] 언론을 중심으로 이루어진 코로나19에 관한 독일의 사회적 담론을 구체적으로 살펴보면 중국에서 코로나19가 발생한 초기부터 등장한 인종차별과 혐오·배제의 담론, 마스크와 관련해 이루어진 자국의 정책을 변명하는 합리화 담론, 그리고 동아시아 국가들의 성공적인 방역에 대한 평가에서 드러난 편견의 담론 등 크게 세가지로 분류된다. 우리가 여기에서 주목할 것은 이 담론을 지배하는 거대한 서사의 본질이 독일중심주의라는 것이다. 코로나19의 발생과 함께 유럽연합 회원국들 간의 국경이 폐쇄되는 것을 통해 분명히 드러난 민족국가 중심의 사고가 코로나19 발생 초기 독일의 사회적 담론을 지배했다. 이를 통해 지역공동체의 모범적인 사례로 칭송되던 개방된 유럽사회의 이상이 한순간에 무너질 수 있는 허상이었다는 사실이 드러났다. 이러한 담론을 보기에 앞서 먼저 담론이 발생한 사회적 맥락, 즉 독일의 코로나19 현황을 살펴볼 필요가 있다.

며, 주요 언론에 실린 기사 중 여론에 영향을 준 기사와 여러 개의 유사한 기사가 존재하는 글들을 중심으로 담론의 특정한 경향을 보여주기 위해 작성되었다.

코로나19와 봉쇄

독일은 서구 언론에서 코로나19 방역에 비교적 성공한 국가로 분류된다. 물론 확진자와 사망자의 절대적인 수치를 한국과 비교하면 독일이 방역에 성공했다고 평가하기는 어렵다. 2020년 6월 20일까지 독일에서 누적된 코로나19 확진자 수는 18만 9135명, 사망자 수는 8883명이고, 전일 대비 증가한 확진자 수는 601명이다.[6] 반면 한국의 누적 확진자 수는 6월 20일까지 1만 2373명, 사망자 수는 280명이고, 전일 대비 증가한 확진자 수는 48명이다.[7] 독일과 한국에서 6월 20일에 확인된 새로운 확진자 수를 비교하면 독일이 한국보다 약 13배 많다. 독일이 한국에 비해 인구가 1.6배 많다는 점을 고려해도 독일의 1일 확진자 비율이 한국보다 훨씬 높다.

그럼에도 독일에서는 방역에 성공했다는 여론이 지배적이며 코로나19 방역조치가 계속 완화되고 있다. 6월 20일에는 고등학교 졸업파티를 비롯해 양로원과 요양원 등의 시설 방문이 허용된다는 조치가 발표되었다. 반면 한국의 중앙방역대책본부는 6월 20일의 브리핑을 통해 현재의 상황이 "코로나 확산기"이며 "위기 상황"이기 때문에 경계심을 늦추지 말고 마스크 쓰기와 물리적 거리두기 등 방역태세를 강화할 것을 시민들에게 요청했다.

한국과 독일 정부가 코로나19 확진자 규모의 차이에도 불구하고 그런 상반적인 조치를 취한 이유는 무엇보다 양국이 선택한 상이한 방역전략 때문이다. 한국은 1월 20일에 첫 확진자가 발생하자, 바로 새로운 전염병의 위험을 국민에게 알렸고 사회적 거리두기와 코로나19 예방을 위한 건강수칙을 홍보하면서 동시에 긴급방역체계를 구축해 이를 지속적으로 가동해왔다. 코로나19로 인한 위험이 최소화될 때까지 경계를 늦추어서는 안 된다는 것이 한국 정부의 방침이다. 반면 독일 정부가 코로나19 발생 이후 취한 정책은 일관적이지 않았다. 그로 인해 적지 않은 수의 시민들이 방역의 절대적인 필요성을 납득하지 못하는 문제가 발생했다고 해도 과언이아니다.

독일에서 코로나19 확진자가 발생했다는 사실이 처음으로 알려진 1월 27일, 옌스 슈판(Jens Spahn) 연방보건부 장관은 중국에서 발생한 새로운 호흡기질환이 독일 국민의 건강을 위협할 가능성이아주 적다고 공언했다.[8] 국립병리학연구소인 '로베르트 코흐 연구소'(Robert Koch-Institut)도 코로나바이러스가 확산될 위험이 아주 적다고 발표했다. 누적 확진자가 16명으로 알려진 2월 12일에 연방보건부 장관은 다시 한번 중국에서 지역적으로 발생한 전염병이 세계적인 팬데믹으로 발전할지의 여부는 예측할 수 없으나 독일은 현재 모든 상황에 대처할 준비가 되어 있다고 자신있게 이야기했다. 역동적으로 변하는 상황을 주의 깊게 관찰하고는 있지만 독일 정부는 모든 것을 잘 통제하고 있다는 것이다. 연방정부 보건

장관이 공식적인 기자회견에서 코로나19를 중국발 전염병이라고 부르는 모습은 중국과 코로나바이러스를 동일한 것으로 간주하며 이를 독일과는 전혀 관계가 없는 문제라고 보던 일반적인 인식을 그대로 반영하는 것이었다.

이딸리아 북부의 코로나19 확산세가 심각해지고, 독일에서도 첫 확진자가 발생한 바이에른주의 경계를 넘어 2월 26일 바덴-뷔르템베르크주와 노르트라인-베스트팔렌주에서 확진자가 발생하자, 2월 27일에 연방정부는 코로나19 위기관리팀을 구성했다. 연방보건부 장관은 2월 말에도 독일은 모든 상황에 대처할 준비가 잘 되어 있다고 강조했다. 확진자를 격리, 치료하며 접촉자들을 꼼꼼하게 관리하고 있기 때문에 감염경로를 차단하여 전염병의 확산을 막고, 국민의 건강을 최대로 보호할 수 있다고 자신했다.

3월 3일에 의료용 마스크, 장갑 등 방역을 위한 의료장비의 수출이 금지되고, 이어 3월 4일부터 약국에서 자체적으로 소독제를 제조해서 판매하는 것이 허용되었다. 이러한 조치가 내려진 것은 의료진이 사용할 방역장비가 부족하며, 소독제가 원활하게 공급되지 못하고 있다는 방증으로 받아들여질 수도 있었다. 이미 시중에서는 마스크의 가격이 천정부지로 뛰었고, 그나마도 구하기 어려웠다. 그런 상황에서 정부와 병리학 전문가들은 마스크를 쓰는 것이 방역에 어떤 도움도 주지 못한다고 국민을 설득했다. 마스크의 효용성에 관한 때아닌 논쟁도 시작되었다.

연방정부가 1000명 이상의 인원이 모이는 대규모 행사를 금지한다고 발표한 3월 11일까지 누적 확진자 수는 2752명이었다.[9] 그때까지도 연방정부는 전염병에도 불구하고 공동체의 삶을 지속하기 위해 일상적인 생활의 지속과 제한 사이에 균형점을 찾고자 노력한다고 설명했다. 그로부터 일주일이 지난 3월 17일에 누적확진자 수가 1만 2567명에 달했다. 그날 연방정부는 생필품을 판매하는 곳 외의 모든 상점과 관공서, 학교의 문을 닫고 해외여행을 제한하며, 외국인의 입국을 금지한다는 행정명령을 내렸다. 3월 23일부터는 2인 이상이 만나는 것도 금지되었다. 숲과 공원에서 산책하는 것은 허용되었다. 강력한 록다운 정책으로 아예 외출금지령이 내려진 이딸리아, 프랑스와 비교하면 독일의 조치는 비교적 완만한 것이었다. 그러나 코로나19 사태 속에서도 일상적인 사회생활과 경제활동을 유지하면서 물리적 거리두기와 사회적 거리두기 전략을 선택한 한국의 방역정책과 비교하면 독일의 록다운 정책은 헌법에 보장된 시민들의 이동의 자유권을 광범위하게 제한하는 것이었다.

　하지만 독일 정부가 록다운 정책을 발표했을 때 그에 대해 공개적으로 비판하거나 거부하는 사람은 없었다. 이딸리아 북부 지역의 상황이 심각하다는 소식이 반복적으로 전해지면서 독일에서도 그런 상황이 벌어질 수 있다는 위기감이 전반적으로 확산되었기 때문이다. 앙겔라 메르켈(Angela Merkel) 총리가 3월 18일에 대국민담화를 통해 생명을 보호하기 위해 강력한 사회적 거리두기 지침을 준수하며 "집에 있으라"는 메시지를 전달했다. 같은 날 페이스북에서는 체육관 같은 큰 공간에 많은 관이 놓여 있는 사진과 함께 독일에서도 얼마 후에는 이런 장면이 발생할 것이라는 메시지가 빠른 속도로 확산되었다.* 이딸리아 북부 도시들에서 코로나19 사망자가 급증해 장례식을 제대로 치르지도 못한다는 소식과 함께 화장시설과 묘지가 부족해 군용트럭이 시체를 싣고 다른 도시로 운반하는 영상이 미디어를 통해 반복적으로 전달되었다. 전시가 아님에도 시체 운반을 위해 군용트럭이 동원될 정도로 심각한 상황이 발생할 수도 있다는 위기감으로 인해 패닉에 빠진 독일 시민들은 슈퍼마켓에서 화장지와 밀가루를 사재기했다. 독일 전역에서 화장지 대란이 일어났다. 한국에서는 코로나19 위기가 정점에 달했을 때에도 볼 수 없던 현상이었다.

이 시기에 독일 언론은 한국과 대만의 대응이 코로나19 방역에 성공적이라는 소식을 전하며 이 두 나라에서 무엇을 배울 수 있는지 물었다.[10] 독일과 한국의 방역전문가들이 모여 방역방식에 관해 회의를 열었다는 소식도 전해졌다.[11] 독일에서는 한국이 방역에 성

---

* 그러나 페이스북에 올라온 이 사진은 2013년 10월 5일 람뻬두사 공항 창고에서 찍힌 것이었다. 보트를 타고 지중해를 건너 유럽으로 향하다가 조난을 당해 사망한 소말리아와 에리트레아 난민들이 사진에 있는 관의 주인이었다. 10월 3일 람뻬두사 앞 바다에서 500여명의 난민을 실은 배가 전복되어 200여명의 난민이 실종되고 339명의 시신이 인양되었다(https://archive.is/o37td).

공한 이유가 휴대폰의 위치추적 장치와 전국민이 설치한 코로나 앱 때문이라는 설명[*]과 함께 이는 권위주의적이고 순종적인 유교 문화 덕분에 가능했다고 단정하는 문화결정론적 해석도 등장했다. 그러나 독일이 한국에 비해 코로나19에 성공적으로 대처하지 못한 이유가 독일 문화 때문이라는 해석은 물론 나오지 않았다.

5월 초까지 봉쇄조치가 엄격하게, 효과적으로 시행되었다. 연방 정부의 록다운 정책은 개인의 자유를 제한하는 "파쇼적이며 히스테릭한 위생국가"를 만드는 것이라고 비판하는 법학자도 있었지만[12] 그런 비판이 여론을 주도하지는 않았다. 그러나 5월에 접어들어 코로나19 확진자 증가 곡선이 완만해지고 사회적 거리두기 조치가 완화되면서, 코로나바이러스에 대한 두려움이 점차 줄었다. 대신 코로나19 전염병이 문제가 아니라 코로나19 방역을 위한 봉쇄정책이 문제라는 비판이 더욱 커졌다.[**] "헌법국가의 정신과 목

---

[*] 독일인들이 말하는 한국의 코로나앱은 자가격리자들이 휴대폰에 설치하도록 되어 있는 자가격리앱이다. 한국을 방문하는 모든 외국인들이 휴대폰에 이 앱을 설치해야만 하기 때문에 모든 한국인들이 코로나앱을 휴대폰에 설치했다고 왜곡되어 전해진 것으로 보인다. 14일간의 자가격리가 끝나면 이 앱을 제거할 수 있다는 사실에 대해서는 독일의 어느 언론도 언급하지 않는다. 그로 인해 독일의 정치인들은 한국 정부처럼 국민 모두가 코로나앱을 가지고 있고, 정부가 국민 모두의 동선을 항상 감시할 수 있다면 독일도 코로나19 방역에 성공할 수 있을 것이라고 설명하고 있다. 이러한 주장이 2020년 4월 이후 10월까지 지속되고 있다.

[**] 차기 기민당 당수와 수상 후보로 거론되는 노르트라인-베스트팔렌주의 아르민 라셰트(Armin Laschet) 주지사는 4월 말부터 각종 토크쇼와 인터뷰를 통해 록다운

적은 무엇보다 개인의 자유를 보호하는 것"이며 어떠한 경우라도 보건 문제로 자유를 제한하는 것이 합리화될 수 없다는 전 헌법재판소장 한스위르겐 파피어(Hans-Jürgen Papier)의 주장이 큰 파장을 불러일으켰다.[13] 그것은 베를린, 뮌헨, 슈투트가르트 등 대도시에서 정부의 코로나19 방역정책을 비판하는 대규모 시위가 지속적으로 열리는 데 좋은 토양이 되었다.*

록다운 정책으로 인한 경제침체와 사회적 불만의 증가에 대한 우려 때문에 독일 정부는 5월 이후 지속적으로 방역의 성공을 강조하면서 완화정책을 발표하고 있다. 앞서 언급한 것처럼 일일 신규 확진자 수가 601명이었던 6월 20일에도 이전에 내려졌던 금지조치들을 완화하는 조치를 내렸다. 이후 대규모 집회에서의 바이러스 전파 위험성이 높다는 경고에도 불구하고 독일의 대도시에서는 수천명이 참가하는 시위가 이어졌고, 이런 상황은 코로나19 대유행이 다시 시작된 2020년 10월까지도 지속되고 있다. 반면 한국의 정부와 중앙방역대책본부는 꾸준히 코로나19의 위험성을 강조하면서 국민에게 주의를 늦추지 말 것을 요청해 사회 전반적으로 긴장감이 유지되고 있다. 이러한 차이는 결국 한국과 독일 정부의 코로

정책을 완화할 것을 요구하면서 연방정부와 대립하는 모습을 보여주었다.

* 5월 이후 주말마다 이어진 대규모 시위에 참여하는 사람이 극우세력인 '독일을 위한 대안당'을 직접 지지하지 않아도 이들 간에 밀접한 연관관계가 있다고 보는 것이 일반적인 시각이다.

나19 정책이 국민에게 수용되는 정도의 차이를 반영하는 것이다. 사태 발생 초기에 위험성을 과소평가하다가 뒤늦게 경제를 마비시킬 정도의 록다운 조치를 두달간 강행한 독일 정부의 정책에 대한 국민의 신뢰도와, 록다운 조치 없이 방역을 계속해온 한국 정부의 정책에 대한 신뢰도의 차이를 한국과 독일의 문화적 원인에서 찾는 독일 언론의 보도는 한국을 보는 그들의 시각이 여전히 오리엔탈리즘의 틀을 벗어나지 못하고 있다는 사실을 보여준다.

코로나19와 동아시아: 독일 최고주의의 서사

코로나19와 관련된 독일 언론의 보도는 지금 우리가 코로나19 세계선수권대회를 치르고 있는 것 같다는 인상을 준다. 코로나19 확진자 수, 사망자 수에 대한 국제비교표가 국가별 메달 수 집계처럼 매일 전해진다. 그와 함께 독일이 유럽에서 가장 성공적으로 코로나19 방역을 달성한 국가라는 것이 지속적으로 강조된다.[14] 객관적으로 보면 사망자의 숫자가 1만명이 넘는 독일이 방역에 성공했다고 말하는 것이 놀라울 수 있다. 한국과 대만, 베트남과 같은 아시아 국가들뿐만 아니라 유럽에서도 그리스처럼 사망자 수가 독일과 비교할 수 없을 정도로 적은 국가가 있기 때문이다.* 하지만 독일에서 동아시아 국가의 성공사례는 문화주의적 해석을 통해 권위주의 감시체계의 산물로 규정되어 아예 비교의 대상이 되지 않는다. 그리고 독일 코로나19 담론의 서사에는 그리스가 포함되지 않는 대신,** 독일에 비해 사망자 수가 훨씬 많은 이딸리아의 경험을 강조하는 "이딸리아 사태"(Italianische Verhältnisse)라는 표현이 상징적으로 자리잡았다.[15] "이딸리아 사태"는 독일에서도 코로나19가 급속하게 확산되던 3월에 독일은 이딸리아와 같은 사태를 겪지 않을 것이라는 의미로, 그리고 3월 말부터는 독일이 코로나19 방역에 가장 성공했다는 의미에서 사용되었다.

현대 독일사회를 분석하는 학자들은 독일 민족의 정체성에 대한 담론이 일반적으로 독일을 "최고"라고 극찬하거나 "최악"이라고 자조적으로 비판하는 극단적인 경향을 보인다고 한다.[16] 코로나19 담론의 경우는 객관적인 사실과 관계없이 독일이 "최고"라는 서사가 지배적인 사례이다.[17] 마치 코로나19 세계선수권대회에서 금메달을 확보한 것처럼 독일이 세계적으로 코로나19 백신과 치료제 개발을 주도하고 있다는 보도가 환영받는다. 동아시아와 관련된 담론 또한 바로 이러한 서사의 틀 안에서 이루어진 것이다.

2020년 1월 중국에서 코로나바이러스가 발생했다는 소식은 '코

---

* 2020년 6월 29일 그리스의 누적 확진자 수는 3376명, 사망자는 191명이었다.
** 그리스는 국가부채 문제로 인해 유럽연합의 문제아라는 일반적인 이미지가 강하게 남아 있기 때문에 그리스가 독일보다 월등하게 방역을 잘하고 있다는 사실이 여론의 주목을 받지 못하는 것이라고 해석할 수도 있다.

로나=중국'의 공식과 함께 중국은 문명화되지 않았다는 서사를 만들었다.[*] 800만명의 주민이 사는 대도시 우한에 박쥐 같은 야생동물이 거래되는 더러운 시장이 있고, 중국인들은 박쥐를 넣고 끓인 국을 먹는다는 사실을 강조하는 것은 달리 말해 문명화된 '우리'의 식탁에는 바이러스의 원천이 되는 동물들이 오르지 않는다는 의미였다.[18] 비문명적인 중국의 바이러스로 인해 문명화된 '우리'가 위협받을 수도 있다는 인식은 중국인의 존재 자체를 코로나바이러스를 확산시키는 위험인자로 규정하고 혐오의 대상으로 만들었다.

동시에 독일의 공영방송을 비롯한 언론이 한목소리로 중국의 독재적인 정부가 코로나19 위기에 뒤늦게 대응했을 뿐만 아니라 자신의 실책을 감추기 위해 과잉대응을 하고 있다고 비난했다. 중국 정부가 신속하게 대응했더라면 바이러스가 중국 국경을 넘어 확산되지 않았으리라는 주장이 마치 당연한 사실처럼 전해졌다. 중국 정부가 전국적으로 록다운 조치를 발표한 2020년 1월 23일까지 발표된 누적 확진자 수가 578명이고 누적 사망자 수가 17명이었다는 사실은 물론 언급되지 않았다.[**] 반면에 중국 정부가 록다운 정책을

---

[*] 2월 3일에 발행된 『슈피겔』이 "Made in China"라는 제목과 함께 방역복을 입은 중국 간호사의 사진을 표지에 실은 것은 이러한 담론을 상징적으로 보여주는 사례다. 2020년 6호의 독일어 제목은 "Made in China. CORONA-VIRUS. Wenn die Globalisierung zur tödlichen Gefahr wird"다.

[**] 참고로 독일 언론이 방역에 가장 성공했다고 입을 모아서 칭찬하는 독일 정부가

시행한 것과 관련해 독일의 주요 일간지들은 이렇게 비인간적이고 원시적인 정책은 중국 같은 권위주의적인 국가에서만 가능한 일이라고 일제히 비난했다.[19] 독일 언론의 '중국 때리기'와 2020년 1월 말 이후 독일에서 아시아인을 대상으로 발생한 크고 작은 폭력들 간의 직접적인 인과관계를 증명할 수는 없겠지만, 그것이 서로 전혀 상관없다고 보기는 어렵다.*

역사적으로 보면 서구사회에서 전염병이 발생했을 때에는 항상 병의 원인을 제공한 것으로 지목된 집단이 차별과 혐오의 대상이 되었다. 그 내용과 형식은 이미 존재하는 것이었다. 독일과 서구 사회에서 코로나바이러스의 원천으로 지목된 중국인과 동아시아인이 겪는 혐오와 차별도 19세기 이후 서구사회에 존재하는 '황색혐오'의 연속선상에 서 있다.

물론 지금까지 서구사회에서 이어지고 있는 동아시아인에 대한 일상적인 인종차별이 생명을 위협할 정도의 직접적인 폭력을 동반했던 19세기의 황색혐오와 같은 것은 아니다. 독일의 경우 인종차

중국과 유사한 정도의 록다운 조치를 내린 3월 23일까지 독일에서 발생한 누적 확진자 수는 2만 2672명, 누적 사망자는 86명이었다(https://covid19.who.int/table).
* 중국과 아시아의 다른 국가 간의 역사와 제도의 차이를 간과하고 하나의 단위로 간주하는 문제는 물론 유럽에만 있는 것이 아니다. 동아시아나 다른 국가에서도 이와 유사한 문제를 관찰할 수 있다. 동일한 문화권에 속하는 것으로 간주되는 국가들 간의 상이한 역사와 제도를 간과한 채 하나의 단위로 규정하는 경향은 지리적 거리가 멀수록 더욱 강하다.

별이 '콘트라베이스를 들고 있는 세명의 중국인'이라는 동요[*]나, 동아시아인을 향해 찢어진 눈을 만들며 "칭챙총"[20]이라는 이상한 소리를 내는 것처럼 동아시아인을 희화화하는 것으로 나타난다. 이러한 행위가 인종차별이라는 문제의식도 일반적으로 없다. 그렇기 때문에 어린 아이들이 그런 행위를 해도 부끄러워하지 않고, 아무도 제재하지 않는다. 동아시아인을 희화화하는 것이 일상적인 것이었다.

그렇기 때문에 '중국=코로나' 서사가 만들어졌을 때 일반 시민들이 동아시아인을 "코로나바이러스"라고 부르며 놀리는 것을 금기시하지 않았다.[**] 오히려 그들은 이를 『슈피겔』의 정치풍자처럼 웃고 넘어가도 되는 이야기 정도로 간주할 뿐이었다. 동아시아인들을 "코로나바이러스"라고 부르는 언어적 폭력 행위가 묵인되고, 바이러스 물러가라며 그들의 얼굴에 소독제를 뿌리면서 직접적으로 폭력을 가하는 행위까지 대수롭지 않게 여기는 일이 벌어져도 그것은 단순한 일탈행위로 간주되었다. 독일의 공론장에서 "우리

---

[*] 20세기에 등장한 이 동요는 원래 일본인이 대상이었다가 중국인으로 대체된 것으로 알려져 있다(https://www.youtube.com/watch?v=rLtqiEsXHpg).

[**] 학교에서 어린 학생들이 같은 반에 있는 동아시아계 학생을 '코로나'라고 부르고, 거리에서 일부 시민이 지나가는 동아시아인에게 "코로나, 코로나"라고 부르는 것이 "칭챙총"이라는 이상한 소리를 내고 놀리는 것처럼 일상적인 것이 되어가고 있다.

는 바이러스가 아니다"라는 동아시아인들의 항의는 큰 반향을 일으키지 못했다.* 오히려 마스크 사용과 관련된 논의에서 마스크 착용이 아시아적 현상으로 규정되면서 동아시아인은 더욱 희화화의 대상이 되었다.

코로나19 발생 직후부터 동아시아에서는 전염병의 대규모 확산 방지를 위해 모든 시민이 마스크를 사용하는 것이 사회적 책임을 다하는 것이라고 질병 전문가들이 지속적으로 강조했다. 반면 독일과 서구의 질병 전문가들은 의학적으로 볼 때 마스크 사용이 전염병 예방에 도움이 되지 않는다고 이야기하면서, 의료시설을 위한 마스크 공급에 차질이 생기지 않도록 일반인들은 마스크를 구입하지 않는 것이 사회도덕적으로 옳은 자세라고 설득했다. 마스크 부족으로 인해 발생할 수 있는 사회적 혼란을 막고 방역물자를 확보하지 못한 정책적 실책을 합리화하기 위한 전략으로 마스크의 효용성이 부정된 것이다. 그와 함께 외출할 때 항상 마스크를 착용하는 동아시아인에 대한 문화주의적 서사가 만들어졌다. 이를 통해 인종차별주의라는 도덕적 비난으로부터 자유롭지 못한 언어적 폭력과는 달리 더욱 치밀하게 동아시아에 대한 타자화가 이루

---

* 2020년에는 전세계적으로 'Black Lives Matter' 인종차별반대 시위가 벌어지는 가운데 독일에서도 대규모의 동조시위가 이어졌지만 동아시아인에 대해 가해지는 차별과 혐오 문제는 독일의 공론장에서 다시 사라졌다.

어졌다.

마스크 논의가 시작된 2월 중순 이후 독일의 공론장에서는 코로나19 예방을 위해 동아시아인들이 마스크를 쓰는 것은 "심리적 자기기만"[21]이라는 주장이 주를 이루었다. 정치인, 언론인뿐만 아니라 전문가들도 나서서 마스크를 사용하는 것이 병원 이외의 공간에서는 병균으로부터 감염되는 것을 막아주지 못하며, 코로나19 때문에 마스크를 사용할 필요가 없다고 주장했다. '로베르트 코흐 연구소'도 마스크를 사용한다고 해서 건강한 사람의 감염 위험이 눈에 띄게 감소한다는 증거가 전혀 없다고 설명했다.[22] 마스크를 썼다고 해서 손 씻기, 거리두기 등 효과가 분명히 검증된 예방수칙을 지키는 것을 소홀히 해서는 안 된다는 세계보건기구의 경고는 마스크 사용이 코로나19 감염예방에 전혀 도움이 되지 않는다고 말한 것으로 받아들여졌다. 건강한 사람이 의학적인 이유 없이 한국인, 일본인, 중국인들처럼 마스크를 사용하는 것이 오히려 합리적이지 못한, 부끄러운 행동으로 치부되었다.[23]

3월 들어 독일과 서구의 확진자 수가 급증하는 반면 한국과 중국의 방역정책은 성공적이라는 사실이 객관적으로 드러났다. 그럼에도 불구하고 독일에서는 여전히 마스크 사용의 효과에 관한 논란이 이어졌다. 마스크 사용 여부가 동양과 서양의 문화 차이와 관련이 있다는 주장도 등장했다. 권위주의적이고 집단주의적인 유교 문화에 길들여진 동아시아인들은 자신을 드러내지 않을 뿐만 아니라 서로 눈을 마주치지 않는 것에 익숙하기 때문에 마스크를 쓰는 데 거부감을 느끼지 않는다는 것이다.[24] 반면에 개인의 정체성을 드러내는 데 익숙한 서구인들은 마스크 착용을 거부한다는 주장이다. 독일과 서구 사회에는 동아시아와 관련된 모든 것을 유교문화와 연결짓고, 자신의 필요에 따라 유교를 이상화하거나 폄하하는 문화주의적 전통이 17세기 중반 이후부터 뿌리 깊게 자리잡고 있다. 동아시아사회가 19세기 근대화 경쟁에서 낙오한 것, 20세기 경제 발전에 성공한 것, 그리고 1990년대 말 아시아 금융위기를 겪은 것 모두 유교문화의 책임으로 돌려졌다.[25] 동아시아인들이 마스크를 착용하는 이유를 유교문화에서 찾는 것도 이와 동일한 맥락이다.

마스크와 관련된 논란은 3월 말 이후 독일 전역에서 점차 마스크 착용이 의무화된 후, 극우세력을 중심으로 한 마스크 착용 반대자들에 의해 주도되고 있다.[26] 마스크를 착용한 동아시아인에 대한 인종차별적 공격도 계속된다. 미국발 인종차별반대 시위를 지지하는 사회적 공감대가 넓게 형성되었음에도 불구하고 동아시아의 타자화에 대한 비판적 담론은 이루어지지 않았다.

오히려 한국이 코로나19 방역의 모범적인 사례로 국제적인 주목을 받을수록 문화적 차이 때문에 독일은 한국의 경험을 공유할 수 없다는 주장이 강해졌다. 한국에서는 국민의 동선을 확인하기 위해 휴대폰의 앱이 활용되며, 다른 민주국가에서는 개인의 사적 영역을 침해하는 것으로 해석될 수 있는 감시체제도 갈등 없이 작동한다는 주장이 검증 없이 그대로 수용되었다. 중국의 권위주의체제를 비난하는 논리가 한국에도 그대로 적용된 것이다. 개인정보 보호론자의 시각에서는, 성공적인 역학조사를 가능하게 한 디지털 인프라를 가지고 있는 한국은 악몽이라고 할 정도로 독일의 언론은 한국 방역정책의 부정적인 측면을 강조했다.[27] 반면 독일에서는 한국과 달리 개인정보를 보호하면서도 코로나19 감염자와의 접촉 여부를 알려주는 새로운 앱이 개발될 것이라는 소식이 계속 부각되었다. 그것은 코로나19 방역에서도 독일이 "최고"라는 서사를 완성시켜주는 '증거'가 되었다. 적어도 공론장에서는 독일이 방역에서 가장 성공한 국가로 만들어지고 있다. 독일도 한국에서 배워야 한다는 이야기는 더이상 들리지 않는다.

동아시아의 타자화와 위기관리 소통전략

독일과 유럽에서 코로나19가 급격하게 확산되기 시작한 것은 동아시아보다 한달 이상 늦은 시기였다. 그것은 독일과 유럽 국가들이 중국과 한국, 대만 등 동아시아 국가들의 경험을 교훈 삼아 효과적인 방역방안을 마련할 시간이 분명히 있었다는 뜻이다. 그러나 앞서 보았듯이 그들은 코로나19 발생 초기에 동아시아 국가들에서 이미 검증된 효과적인 방법을 의심하고 평가절하하느라 시간을 허비했다. 뒤늦게 한국의 경험으로부터 배우겠다고 나선 독일 정부는 코로나19 확산세를 멈추기 위해 경제를 마비시킬 수밖에 없는 록다운 조치를 취했다. 그것은 독일뿐만 아니라 프랑스와 영국 등 다른 유럽 국가들에서도 일어난 일이었다.

유럽인들은 동아시아를 대할 때 여전히 '근대적이고 민주적인 유럽사회' 대 '집단주의적이며 유교적 권위주의에 의해 지배되는 동아시아사회'라는 패러다임을 가지고 있다. 유럽은 동아시아에서 배울 것이 없으며, 배울 수도 없다고 보는 시각이 지금도 지배적이다. 코로나19 사태에 대응하는 과정에서도 이런 편견이 그대로 드러났다. 그렇기 때문에 독일에서도 소수 비판적인 언론인들은 동아시아에 대한 유럽인들의 치명적인 "거만함" 때문에 수많은 죽음을 막지 못했다고 비판한다.[28] 한국 정부가 선택한 방역방식이 강력한 록다운 조치를 취한 독일과 유럽 국가들의 대응방식보다 훨씬 개인의 자유권을 보호하는 것이라는 사실은 의심의 여지가 없다. 그것이 세계보건기구가 권장하는 전염병 방역지침을 그대로 따른 것이라는 사실을 고려하면, 독일과 유럽 국가들이 동아시아에 대해 가지고 있는 문화주의적 편견과 거만함이 코로나19 위기에서 치명적인 결과를 가져왔다는 비판은 설득력이 있다.

마지막으로 우리가 주목할 것은 코로나19 위기에 대응하는 과정에서 독일 연방정부의 "위기관리 소통전략"이 공론장에서 효과를 발휘했다는 사실이다.[29] 2005년에 연방정부가 발표한 전염병에 대한 위기관리 지침을 보면 위기 발생 시 국민들 사이에서 어떤 불안감도 발생하지 않도록 하기 위해 서로 모순되는 발언은 금하고, 메시지는 쉽고 짧게 만들어 여러차례 반복해서 전달함으로써 여론을 주도하라고 되어 있다. 코로나19 위기에도 이러한 소통전략이 적용되었다. "중국발 호흡기질환이 독일인의 건강을 위협하지 않는다"는 연방보건부 장관의 발언, "마스크 사용이 감염 방지에 도움을 주지 않는다"는 질병 전문가들의 주장, 독일에서 개발한 코로나앱의 안전성에 대한 강조 등이 전달되는 방식은 이런 소통전략의 틀에서 잘 설명된다. 그런 의미에서 코로나19와 관련해 적용된, 위기관리를 위한 소통전략이 독일의 공론장에서 동아시아의 타자화를 부추기고, 결국 동아시아인들이 차별과 혐오의 대상이 되는 데 일조했다고 해도 과언이 아니다. 역사적 경험을 통해 전염병 시기에 혐오 문제가 발생할 것이라는 점을 충분히 예측할 수 있었음에도 불구하고 자국 중심의 배타적인 서사가 만들어졌기 때문이다.

코로나19 위기 상황에서 자국 중심의 서사가 만들어지는 것은 독일에만 국한된 현상이 아니라 거의 대부분의 국가에서 관찰할 수 있다. 효과적인 방역정책을 취한 것이 객관적으로 증명된 국가뿐만 아니라 확진자와 사망자 수가 많은 국가에서도 자국 중심의 서사가 등장한 것을 볼 수 있다. 한국의 코로나19 담론도 예외가 아니다. 그런 의미에서 우리가 누군가를 타자화하고 있는 것은 아닌지 한번은 물어보아야 할 필요가 있다.

"우리는 정상으로 돌아갈 수 없다"
: 코로나바이러스가
세상을 어떻게 바꿀 것인가?

피터 베이커

격변의 시대는 언제나 근본적인 변화가 일어나는 시대이다.
일부 사람들은 팬데믹이 사회를 개조하고 더 나은 미래를 건설할
한 세대에 한번 있을 법한 기회라고 믿는다. 다른 사람들은
팬데믹으로 인해 기존의 불의가 더 악화되기만 할 가능성을 우려한다.
— 피터 베이커(Peter C. Baker)

모든 것이 새롭고 믿기 어려우며 감당하기에 너무 벅찬 느낌이
다. 동시에, 자꾸 되풀이되는 오랜 꿈속으로 걸어들어간 것 같기도
하다. 어느 면에선 사실이다. 예전에 TV나 블록버스터 영화에서
본 적이 있다. 대충 상황이 어떠하리라는 것을 짐작하고 있었는
데, 그렇다고 마주친 현실이 덜 낯설어지는 것이 아니라, 왠지 더
낯설다.

지난 2월까지만 해도 불가능하게 여겨졌던 사태의 진전 ─ 그저
며칠이 아니라 몇년은 걸려야 할 일 ─에 관한 보도가 매일 날아
든다. 우리는 뉴스를 따라잡는 것이 중요하다는 시민의식 때문이
아니라, 마지막 보도를 접한 이후 너무 많은 일들이 일어났을 가능
성 때문에 계속 새로운 뉴스에 귀 기울인다. 사태의 진전이 너무

급속하게 이루어져 그 진전이 얼마나 급진적인 것인지 깨닫기 어려울 정도다.

기억을 몇주 되돌려 누군가 다음과 같이 말한다고 상상해보라. 한달 내로 학교가 문을 닫을 것이다. 거의 모든 단체 모임이 취소될 것이다. 세계적으로 수억의 사람들이 일자리를 잃게 될 것이다. 각 정부는 사상 최대로 꼽힐 만한 경기부양책을 서둘러 마련할 것이다. 곳에 따라서는 집주인이 집세를 받지 않고, 은행이 주택 담보 대출금을 징수하지 않으며, 집 없는 사람들이 공짜로 호텔에 머물 수 있게 될 것이다. 정부가 직접 지급하는 기본소득에 대한 실험이 진행될 것이다. 세계의 많은 부분에서 가급적 최소 2미터의 거리를 상호 유지하는 공통 과제가 ― 각기 다른 정도의 강제와 설득이 있기는 하겠지만 ― 수행될 것이다. 이런 말을 들었다면, 과연 믿었겠는가?

현기증이 나는 건 단순히 현재 일어나고 있는 일들의 규모나 속도 때문만은 아니다. 민주주의체제가 이처럼 큰 조치를 신속히, 혹은 전혀 취할 수 없다는 이야기를 듣는 데 익숙해졌다는 사실 때문이다. 그런데 지금 우리는 이 자리에 서 있다. 역사를 조금만 살펴봐도 위기와 재난이 빈번히 변화를 위한 계기, 많은 경우 더 나아지기 위한 계기가 되어왔음을 알 수 있다. 1918년 전지구적으로 확산된 스페인독감으로 인해 많은 유럽 국가에서 국민보건서비스가 생겨나게 되었다. 대공황(Great Depression)과 2차대전이라는 한

쌍의 위기는 현대 복지국가의 터전을 마련했다.

하지만 위기는 사회를 더 어두운 길로 내려보낼 수도 있다. 9·11테러 사건 이후 시민에 대한 정부의 감시가 폭증하는 한편, 조지 부시(George W. Bush)는 무한 점령으로 이어진 새로운 전쟁에 착수했다. (내가 이 글을 쓰고 있는 지금, 침략한 지 19년 만에 아프가니스탄 주둔 병력의 숫자를 줄이려는 미 군부의 시도가 코로나바이러스와 관련된 복잡한 사정으로 인해 늦추어지고 있다.) 또 다른 최근의 위기인 2008년의 금융위기는 엄청난 공공비용을 들여 은행과 금융기관을 사고 이전의 정상 상태로 복구하고자 하던 의도대로 수습된 반면, 전세계적으로 공공서비스 부문에 대한 정부 지출은 대폭 삭감되었다.

위기가 역사의 진로를 결정하기 때문에, 그것이 어떤 식으로 전개되는지 연구하는 데 생애를 바친 수백명의 사상가들이 있다. 이러한 — '위기학' 분야라고 부를 수 있을 — 작업은 주어진 공동체에 위기가 찾아올 때마다 그 공동체의 기저 현실이 어떻게 적나라하게 드러나는지 낱낱이 기록한다. 누가 더 많이 갖고 있고, 누가 더 적게 갖고 있는지. 권력은 어디에 있는지. 사람들이 소중히 여기는 것은 무엇이고, 두려워하는 것은 무엇인지.

이러한 위기의 순간에 사회의 고장난 부분은 그것이 무엇이든 얼마나 심하게 고장났는지가 드러나게 마련이며, 많은 경우 뇌리를 떠나지 않는 사소한 이미지나 이야기의 형태를 띤다. 지난 몇주간 뉴스 보도로 인해 우리는 헤아릴 수 없이 많은 예를 접하게 되었다. 항공사들이 최우수 항로에 대한 자사의 자리를 지키려는 단한가지 목적만으로 완전히 비었거나 거의 빈 항공기를 다수 운항하고 있다는 보도가 있다. 프랑스 경찰이 록다운 조치를 어기고 밖에 나와 있다는 이유로 집 없는 노숙인들에게 벌금을 물리고 있다는 보도도 있다. 뉴욕주의 수감자들은 손세정제를 병에 담는 일을 하는 댓가로 한시간에 1달러도 채 못 되는 임금을 받고 있지만, 정작 자신들은 알코올이 들어 있다는 이유로 세정제를 사용할 수 없다. 더구나 그들이 갇혀 있는 간옥에서는 비누도 거저 주지 않으니 매점에서 사서 써야 한다.

그러나 재난과 비상사태가 세상을 있는 그대로만 보여주는 것은 아니다. 그것은 정상성의 장막을 찢어 열어젖히기도 한다. 벌려진 틈 사이로 우리는 다른 세상의 가능성을 얼핏 보게 된다. 재난을 연구하는 일부 사상가는 잘못될 가능성이 있는 모든 것에 더 초점을 맞춘다. 다른 일부는 좀더 낙관적인 태도로, 잃는 것이 무엇인가라는 관점에서만이 아니라 무언가를 얻을 수도 있다는 관점에서 위기에 접근한다. 물론 모든 재난은 성격이 다르며, 결코 이것 아니면 저것이라는 양자택일의 문제가 아니다. 손실과 이득은 항상 공존한다는 얘기다. 사후에 돌이켜보았을 때에야 우리가 진입하고 있는 새로운 세상의 윤곽이 분명해질 것이다.

비관적 견해는 위기로 인해 나쁜 상황이 더 나빠진다고 본다. 재난—특히 팬데믹—연구자들은 재난이 외국인 혐오와 소수인종을 속죄양으로 삼는 경향에 불을 지핀다는 사실을 잘 알고 있다. 14세기 유럽에 흑사병이 돌았을 때, 크고 작은 도시가 외부인의 출입을 차단했다. 그리고 '탐탁지 않은' 공동체 성원들, 대개는 유대인들을 공격하고 추방하고 살해했다. 1858년, 뉴욕시의 폭도들은 스태튼섬(Staten Island)의 이민자 격리 병원에 난입해서 모두 떠나기를 요구한 뒤 병원을 불태워버렸다. 이 병원으로 인해 병원 밖 사람들이 황열병(yellow fever)의 위험에 노출될 것을 두려워했기 때문이다. 현재 위키피디아에는 '2019~20년 코로나바이러스 팬데믹 관련 외국인 혐오증과 인종주의' 사례를 35개국 이상으로부터 취합해놓은 페이지가 있다. 이들 사례의 양태는 모욕으로부터 공공연한 폭행에 이르기까지 광범위하다.

세계화가 배양한 재난의 역사를 기록한 미국의 유명한 사학자 마이크 데이비스(Mike Davis)는 "완전히 합리적인 세상이라면 국제적 팬데믹이 국제주의의 확장으로 이어지리라 가정해도 좋을 것"이라고 말한다. 2005년 발생한 조류독감의 위협에 관한 책을 쓴 데이비스가 보기에, 팬데믹은 전지구적 자본주의가 (사람과 물건의 부단한 움직임 때문에) 이러한 위기에 특히 취약하다는 점, 동시에 자본주의적 사고방식으로는 (이윤을 넘어서는 관점에서 생각할 능력이 없으므로) 이를 다룰 수 없다는 점을 드러내는 위기의 완벽한 예다. "합리적인 세상이라면, 우리 자신은 물론 더 가난한 나라들도 사용할 수 있도록 기본 필수품 ─ 진단키트, 마스크, 인공호흡기 ─ 의 생산을 증가시킬 것이다. 모두 함께해야 할 싸움이니까. 하지만, 세상이 꼭 합리적인 것은 아니다. 이 때문에 타인을 악마로 만드는 사례와 고립에 대한 요구가 많을 수 있다. 이는 세계 각지에서 더 많은 죽음과 더 많은 괴로움을 의미하게 될 것이다."

미국에서 트럼프 대통령은 신종코로나바이러스를 "중국발(發)"로 낙인찍고, 팬데믹 사태를 국경 수비를 강화하고 망명 신청자를 더 적게 받아들일 구실로 활용하느라 애쓰고 있다. 공화당 측 공직자, 싱크탱크, 언론 매체는 코로나19가 중국에서 만든 인공 생물학 무기라고 주장하거나 암시해왔다. 이에 맞서 일부 중국 관리들은 미국 군인들을 통해 중국에서 전염병이 발생하게 된 것이라는 음모론을 적극 개진해왔다. 유럽에서는 헝가리 수상 빅토르 오르반(Viktor Orbán)이 최근 다음과 같이 공표했다. "우리는 양대 전선에서 전쟁을 치르고 있다. 하나의 전선은 이주(migration)이며, 다른 하나는 코로나바이러스와의 싸움이다. 둘 다 움직이면서 확산되기 때문에, 둘 사이에는 논리적 연관성이 있다."

전쟁을 치르려면 적에 대해 가급적 많이 아는 것이 유리하다. 하지만 긴박한 위기가 닥치면 장기적 해악에 대한 고려 없이 감시 기제를 작동시키기 쉽다. 『감시 자본주의 시대』(*The Age of Surveillance Capitalism*)의 저자이자 학자인 쇼샤나 즈보프 (Shoshana Zuboff)는 9·11 이전, 미국정부가 웹 사용자들에게 개인정보 사용 가능성 여부에 대한 실제적 선택권을 부여하도록 고안된 중대한 규제 법안을 개발 중이었다는 사실을 내게 상기시켰다. "불과 며칠 사이에 '개인 사생활 보호의 규범과 권리를 위반하는 이들 기업을 어떻게 규제할 것인가'에서 '우리에게 데이터를 수집해줄 수 있도록 이들 기업을 어떻게 양성하고 보호할 것인가'로 관심이 바뀌었다"고 즈보프는 말한다.

시민들을 훨씬 더 면밀히 감시하려는 정부, 그리고 그런 일을 함으로써 부를 축적하려는 기업에 전지구적 팬데믹만큼 완벽한 위기를 상상하기는 어려울 것이다. 요즘 중국에서는 드론을 이용하여 안면 마스크를 착용하지 않은 사람들을 수색하고, 찾아내면 드론에 내장된 스피커로 경찰의 호통을 방송한다. 독일, 오스트리아, 이딸리아, 벨기에 모두 사람들의 동선을 추적하기 위해 주요 통신사들이 보내는 데이터를 ─지금은 익명으로─ 사용하고 있다. 이스라엘에서는 지금 국가안보국이 감염된 개인의 전화 기록에 접근하는 것이 허용된다. 남한에서는 잠재적 감염 가능성이 있는 개인들을 식별하고, 그들이 어디에 갔었는지에 대한 정보를 공유하는 문자메시지를 일반 국민에게 보낸다.

모든 감시가 본질적으로 악의적인 것은 아니며, 새로운 기술 도구들이 결과적으로 바이러스와의 싸움에 기여를 할 수도 있겠지만, 즈보프는 이들 긴급조치가 영구화되고, 일상생활에 너무 깊숙이 결부되어 그 원래의 목적이 망각될 것을 우려한다. 록다운 조치로 인해 우리 중 많은 수가 집에 앉아 컴퓨터와 전화에 고착되어, 그 어느 때보다 더 대규모 기술업체에 의존하게 되었다. 바로 이들 기업 다수가 문제해결의 필수 불가결한 부분으로 자신들을 정부에 적극 선전하고 있다. 그들이 얻고자 하는 것이 무엇인지 물어볼 가치가 있다. 채텀하우스(Chatham House)에서 테크놀로지와 민주주의의 상호작용에 관해 연구하는 바수키 샤스트리(Vasuki Shastry)는 "팬데믹 같은 사태에 대처하려 할 때, 사람들이 개인 사생활 보호권을 기억하기는 어렵다"고 말한다. "어떤 시스템의 규모가 일단 커지면, 그 규모를 다시 줄이는 것이 매우 어려워질 수 있다. 그러고 나면 아마도 그 시스템이 다른 용도를 지니게 될 것이다."

몇주의 간격을 두고, 이스라엘과 헝가리 수상 둘 다 법원이나 의회의 간섭 없이 법령으로 통치할 수 있는 실질적 힘을 얻었다. 한편 영국에서 최근에 입안된 코로나바이러스 법안은 경찰과 이민국 공무원에게 바이러스 감염 의심자의 진단을 위해 이들을 체포하거나 구류시킬 권한을——향후 2년간——부여한다. 전염병이 발생한 이후, 미국 법무부는 비상시에 판사들이 법정 절차를 중지할 수 있도록 허용하는 새로운 규칙을 만들 것을 의회에 요청했고, 그리하여 사람들이 공식적으로 반대 입장을 표명할 기회도 없이 투옥될 가능성을 열었다. "우리 가운데 경찰을 지켜본 사람들은 어떤 상황이 벌어질지 안다"고 시위권 보호에 집중하고 있는 영국 단체 넷폴 (Netpol, The Network for Police Monitoring)의 케빈 블로우(Kevin Blowe)는 말한다. "이들 권력이 실행되게 되고, 당시로서는 그 실행에 충분한 타당성이 있는 것처럼 보인다. 하지만 얼마 안 있어 이들 권력은 민주주의나 공공의 안전과는 무관한 여타의 목적에 사용된다."

범세계적 유행성 독감 발생의 증가에 따른 팬데믹 대응의 법적 측면을 다룬 2008년의 한 보고서에서, 미국시민자유연맹(American Civil Liberties Union, ACLU)이 구성한 사학자와 의료윤리학자 팀은 정부가 흔히 공공보건 문제를 범죄자 추적에 더 적합한 사고 방식으로 다루는 — 그들이 보기에 9·11 이후 부활하고 있는 — 경향이 있다고 한탄했다. 이처럼 매사에 의심하는 사고방식이 결국 소수인종과 가난한 사람들에게 가장 큰 영향을 미치게 되었다고 그들은 주장했다. 이같은 전술은 정부와 시민 간에 불신이라는 단단한 쐐기를 박음으로써 질병과의 싸움을 더 어렵게 만들 수 있다. 보고서에 표현되어 있듯이 "질병이 아니라, 사람이 적이 된다."

위기를 바라보며 어렴풋한 가능성을 엿보는, 또다른 사상 유파도 있다. 이 진영의 사상가들에게 2008년 금융위기의 예는 중대한 의미를 지닌다. 그런데 이들의 견해에 따르면, 2008년은 패배로 귀결된—대다수 국민은 아주 많은 것을 포기한 데 반해, 적은 소수가 이익을 얻은—반면 코로나19는 정치적 진보로 나아가는 문을 열 가능성이 있다.

"내 생각엔 지금의 우리는 2008년 사고의 여파를 목도하기 전의 우리와는 아주 다르다"고 미국의 저술가 리베카 솔닛(Rebecca Solnit)은 말하는데, 솔닛은 위기와 위기의 함의에 대한 가장 설득력 있는 요즘 저술가 중 한 사람이다. "예전에는 좌파적 사고로 치부되었을 관념들이 더 많은 사람들에게 더 합리적으로 받아들여지고 있는 것 같다. 이전에는 없었던 변화의 여지가 생겼다. 좋은 기회가 열린 것이다."

그 주장을 가장 간단히 말하면 정치적 현 상태가 무너져야 한다는 사실을 코로나19가 드러냈다는 것이다. 신종코로나바이러스에 대해 들어보기 오래전부터 예방할 수 있고 치료할 수 있는 병으로 사람들이 죽었다. 부가 넘쳐나는 사회에서 사람들이 불안정한 삶을 살았다. 전문가들이 팬데믹을 포함한 파멸적 위협이 임박했음을 경고했지만, 그 위협에 대해 거의 아무런 준비도 하지 않았다. 동시에, 최근 몇주간 각 나라 정부가 취한 파격적 조치는 국가가 얼마나 많은 권력을 쥐고 있는지 생생히 증언한다—대담한 행동을 취하지 않으면 적법성을 완전히 잃어버릴 위험이 있다는 걸 깨닫게 될 때, 국가가 어느 정도까지 (그것도 아주 빨리!) 이루어낼 수 있는지 확실히 보여주었다. 판카지 미슈라(Pankaj Mishra)가 최근에 썼듯이 말이다. "재난이 나고서야 국가가 시민을 보호할 원래의 책임을 떠맡게 되었다."

오랜 세월, 주류 정치에서 전통적인 노선은 — 보건부터 주택과 같은 기본 생계비에 이르기까지 모든 영역에서 — 세상에 문제가 있다 하더라도 광범위한 정부의 개입은 실현 가능한 해결책이 아니라는 것이었다. 대신, '공익'과 같은 낡은 관념이 아니라 이윤을 얻으려는 욕망에 동기를 두고 있는 기업에 더 큰 역할을 부여하는 '시장'이 가장 효과적인 해결책이라는 이야기를 들어왔다. 그러더니 바이러스가 퍼지기 시작했고, 각 정부가 며칠 사이에 수조에 달하는 돈을 썼고 — 심지어는 시민들에게 직접 수표를 써서 나누어 주기까지 했다 — 실현 가능성의 문제가 갑자기 달리 느껴지게 되었다.

이런 관점에서 보면, 오늘의 과제는 예전의 일상으로 돌아가기 위해 바이러스와 싸우는 것이 아니다. 예전의 일상이 이미 재난이었기 때문이다. 오히려, 목표는 바이러스와 싸우는 것 — 그리고 그 과정에서 예전의 일상을 더 인도적이고 안전한 것으로 변화시키는 것이다.

2009년에 출간된 책 『이 폐허를 응시하라』(*A Paradise Built in Hell*, 한국어판 정해영 옮김, 펜타그램 2012)에서 솔닛은 재난에 관한 — 1985년의 멕시코시티 지진, 2001년의 테러 공격, 허리케인 카트리나 등을 포함한 — 사례연구를 통하여, 비상사태가 꼭 나쁜 것들을 더 나쁘게 만들거나 사람들이 반드시 더 공포에 떨고 의심이 많아지고 자기중심적이 되는 때인 것만은 아니라고 주장했다. 오히려 그녀는, 재난이 어떤 식으로 인간에게 비축된 임기응변과 연대와 결의의 곳간을 여는지, 그리고 상실과 고통의 와중에도 목적의식과 기쁨의 주머니를 열어젖히는지 집중 조망했다. 이 책이 재난을 기리자고 제안하는 것은 아니다. 하지만 재난이 내포하고 있을지 모를 가능성과 재난이 우리를 기존의 방식으로부터 떼어놓는 방법에 유의하자는 제안인 것은 맞다. 솔닛의 말에 따르면, "재난에 대한 '공식적' 대응은 사람들을 해결책의 매우 귀중한 일부가 아닌, 처리해야 할 문제의 일부로 취급함으로써 사태를 망치는 경향이 있다."

때로는 이런 잘못된 관리가 그저 무능의 결과일 수도 있다 ── 하지만 더 사악한 의도를 숨긴 경우도 있다. 2007년에 출간된 책『쇼크 독트린』(*The Shock Doctrine*)에서 캐나다의 저술가 네이오미 클라인(Naomi Klein)은 위기 정치에 관한 암울한 설명을 펼쳤다. 클라인의 견해에 따르면, 언제나 1차 재난(지진, 폭풍, 군사분쟁, 경기침체)과 2차 재난(1차 재난에 이어 권력자들이 은밀히 벌이는 나쁜 행각으로, 극단적인 경제개혁 조치를 억지로 밀어붙인다든지, 나머지 사람들이 너무 멍해져서 눈치채지 못하는 동안 자신의 부를 축적하기 위해 위기 후에 찾아온 기회를 독식하는 따위의 행동)이 있다. (실제로 클라인은 때로는 이들이 이 모든 과정이 시작되도록 1차 재난을 교묘하게 설계하기도 한다고 주장했다.)

솔닛의 책과 달리, 『쇼크 독트린』은 모든 일이 끔찍하게 잘못되어갈 때 평범한 사람들이 보여주는 회복력에 대해서는 별로 언급하지 않는다. (실제로 솔닛은 클라인이 이 부분을 생략한 데 대해 직접적인 비판을 가했다.) 그럼에도 이 두권의 책은 마치 퍼즐 조각처럼 서로 들어맞는다. 두 책 모두 위기가 진행될 때 필연적으로 혹은 '자연적'으로 어떤 일이 일어날 것인지의 관점이 아니라, 그 과정에서 인간이 선택할 수 있는 일이 무엇인지의 관점으로 위기를 다룬다. 또한 두 책 모두 금융위기의 잔해 속에서 구체화되고 있던 정치적 대화에 시의적절하게 기여했다.

2008년 버락 오바마(Barack Obama)가 당선된 며칠 후, 수석 보좌관 람 이매뉴얼(Rahm Emanuel)이 한 말은 유명하다. "심각한 위기를 결코 낭비해서는 안 된다." 작금의 좌파들에게 오바마는 대체로 실망스러운 존재이지만, 이 말에는 쉽게 동의한다. 좌파들은 지난 몇차례의 위기에서 자신들이 패배했고, 지금이 만회할 수 있는 기회라고 생각한다. 팬데믹에 직면하여 불과 몇주 사이에 이렇게 많은 것을 바꿀 수 있다면, 1년 후에는 얼마나 많이 변화시킬 수 있을 것인가?

이런 주장을 하는 사람들에게 2008년의 위기와 현재의 위기는 현격한 대조를 이룬다. 신용부도스와프(Credit Default Swap, CDS, 은행 등 금융기관이 채무자가 부도, 파산 등으로 빚을 갚지 못하는 사태에 대비하여 보험회사 등 타 금융기관에 일정 수수료를 지불하고 신용사건 발생 시 채무자를 대신해 손실액을 갚아주도록 하는 파생 금융상품 — 옮긴이)와 부채 담보부증권(Collateralized Debt Obligation, CDO, 금융기관이 회사채나 대출채권 등을 한데 묶어 이를 담보로 제3의 기구를 통해 증권을 발행하여 현금을 조달하는 방식의 파생 금융상품 — 옮긴이)으로 얼룩진 막연하고 불투명한 금융위기에 비해, 코로나바이러스는 비교적 이해하기가 쉽다. 코로나바이러스는 십여가지의 위기가 한데 얽힌 것으로, 그 모든 위기가 순식간에 펼쳐지고 있기 때문에 아무도 그 사실을 놓칠 수 없다. 정치가들이 감염되고 있고, 부유한 연예인들이 감염되고 있다. 우리의 친구와 친척도 감염되고 있다. 꼭 우리 모두가 "그것을 함께 겪고" 있다고 할 수는 없을지 모르지만 — 언제나 그렇듯, 가난한 사람들이 더 심한 타격을 받는다 — 2008년의 여파에 비해 그 말이 진실에 가까운 건 사실이다.

이에 낙관론자들은 세상을 달리 보기 시작할 희망이 생겼다고 믿는다. 우리 사이에 문제가 공유된 것으로 인식할 가능성과 사회를 단순히 부와 지위를 놓고 서로 경쟁하는 수많은 개인 이상의 것으로 인식할 가능성이 생겼다는 것이다. 요컨대 시장의 논리가 현재 허용되고 있는 것처럼 인간 존재의 많은 영역을 지배해서는 안 된다는 사실을 깨닫게 될 수도 있다는 것이다.

"더 많은 사람들이 개별적 상황을 연결시켜 인식하게 되었다"고 클라인은 말한다. "이 현상은 사람들의 경험과 관계가 있다. 일정

연령의 사람들에게 자본주의의 경험은 오로지 위기의 경험일 뿐이었다. 그리고 그들은 상황이 달라지길 원한다."

이 대화의 배경에서 들리는 요란한 소음은 기후위기에 관한 아우성이다. 클라인을 비롯해서 같은 생각을 하는 사람들에게 2008년이 다시 되풀이하고 싶지 않은 재난이라면, 기후변화는 닥쳐오리라 예상되는 — 이미 닥쳤음을 아는 — 그래서 막아야 하는 훨씬 더 큰 재난이다. 실제로 클라인은 『쇼크 독트린』을 출간한 이후 여러해 동안 기후변화를 중심 초점으로 삼고, 기후문제를 화석연료로 부당 이득을 취하는 자들과 정부 내 협력자들의 손아귀로부터 떼어내야 할 대표적 비상 과제로 규정하고 있다.

코로나19가 2차대전 이후 최대의 전지구적 위기가 될 것 같기는 하지만, 장기적으로 보면 기후변화에 비할 바가 못 된다. 그럼에도 두 문제는 서로 시사점이 비슷하다. 두 문제 모두 비상한 수위의 전지구적 협력을 촉구할 것이다. 둘 다 내일의 괴로움을 줄이기 위해 오늘의 행동에 변화를 요구한다. 두 문제 모두 과학자들이 오래 전부터 아주 분명하게 예측해왔음에도, 다음 회계분기의 성장 통계치 이상을 내다볼 수 없는 정부는 이를 무시해왔다. 따라서 양쪽다 정부가 파격적인 조치를 취할 것과, 인간 활동의 특정 영역에서 시장의 논리를 추방하는 동시에 공공투자를 수용하고 지원할 것을 요구할 것이다. 다시 말해서, 이와 같은 새로운 수위의 국가 개입을 일시적인 요구사항으로 간주한다면, 기후재난을 향한 길로 계속 질주할 수밖에 없게 된다는 것이다.

"우리는 사람들이 일상적 모드에서 벗어나 비상 모드로 돌입하도록 여러해 동안 노력해왔다"라고 마거릿 클라인 샐러먼(Margaret Klein Salamon)은 말했다. 샐러먼은 전직 심리학자로 현재 '기후 총동원'(The Climate Mobilization)이라는 압력단체를 이끌고 있다. "많은 사람들이 비상 모드에 돌입할 때—즉 위험이 존재한다는 사실과 안전해지려면 가능한 모든 일을 해야 한다는 사실을 기본으로 받아들일 때—정치적 가능성의 영역이 근본적으로 달라진다. 코로나바이러스에 대한 대응을 계기로 이 이론의 정당성이 인정되는 것을 보면서 흥미로웠다. 향후 난제는 위험의 정도가 수십배나 더 큰 기후문제에 관해서도 비상 모드가 지속적으로 작동되게 하는 것이다. 우리는 '정상으로 돌아갈' 것이라고 생각해서는 안 된다. 상황이 이미 정상이 아니었기 때문이다."

두 위기 사이의 유사성은 그 정도이다. 기후변화의 영향이 코로나19의 영향보다 더 점진적이라는 사실을 회피할 수는 없다. 대개의 사람들은 자신이나 사랑하는 사람들이 기후위기로 인해 이번 달에 죽을 수도 있다고 생각하지 않으며, 따라서 비상체제를 가동하거나 유지하기가 더 어렵다. 샐러먼이 내게 지적했듯이, 우리가 기후 비상 모드에 놓여 있다는 사실을 진심으로 받아들인다면, 뉴스는 매일 어느 나라가 오염물질 배출량을 가장 신속히 줄이고 있는지에 관한 최신 정보로 시작될 것이며, 사람들은 반드시 지도자들이 효과 있는 정책을 채택하도록 아우성칠 것이다.

그렇다고 코로나19의 경험이 기후변화를 다른 각도에서 이해하는 데 도움이 될 수 있으리라는 생각을 못할 것도 없다. 바이러스로 인해 산업활동과 도로교통량이 줄어들면서 대기오염이 급감했다. 3월 초, 스탠퍼드대학의 과학자 마셜 버크(Marshall Burke)는 중국 4개 도시의 오염 데이터를 이용하여, 심장과 폐를 공격하는 각별히 유해한 대기오염 물질, PM2.5(지름 2.5마이크로미터의 초미세먼지로 주로 자동차 배기가스나 화석연료로부터 발생하며, 매우 작은 입자가 폐 속 깊숙이 침투하여 호흡기, 폐, 심장 질환을 일으킨다 ── 옮긴이)의 수준 변화를 측정했다. 그는 팬데믹이 시작된 이래 오염물질 배출의 감소로 인해 중국에서만 5세 이하의 어린이 최소 1400명과 70세 이상의 성인 5만 1700명이 사실상 목숨을 건졌다고 추산했다. 다른 한편, 세계 각처에서 사람들이 새롭게 발견한 일화들 ── 달콤한 냄새가 나는 산들바람, 널찍해진 자전거 도로, 근처에서 다시 듣게 된 새들의 노랫소리와 같은 이야기들 ── 을 인터넷을 통해 공유해왔다. 이는 마치 리베카 솔닛의 작업이 디지털의 형태로 확산되고 있는 것과 유사하다. 사람들이 재난의 와중에 자신들이 원하고 필요로 하는 미래를 얼핏 보게 된다는 사실 말이다.

이와 같은 희망의 조짐과 더불어, 클라인의 '쇼크 독트린' 틀에 잘 들어맞는, 그다지 고무적이지 않은 이야기도 전개되고 있다.

1차 재난: 코로나19. 2차 재난: 환경보호를 위해 고안된 빈약하기 짝이 없는 기존의 규칙마저 해체하는 것. 3월 26일, 에너지 산업으로부터의 로비가 있은 뒤, 미국 환경보호청(EPA)은 팬데믹이 노동력에 미치는 영향을 인정하여 회사가 오염규제 위반 사실과 팬데믹을 연결시킬 수 있는 한, 규제를 위반해도 처벌하지 않을 것이라고 발표했다. 중국 환경부는 산업시설의 환경영향 평가에 대한 조사를 면제하기 시작했다. 플라스틱 업계가 자금을 대는 압력단체가 비닐보다는 재사용 가방의 직물에 바이러스가 달라붙을 가능성이 더 크다는 입증되지 않은 주장을 퍼뜨리며, 일회용 비닐봉투 사용을 위한 대대적 홍보 활동에 나섰다. 2008년의 위기를 돌이켜보면, 그 당시에도 오염물질 배출이 줄어들었다는 사실을 알 수 있다. 하지만 결국 2010년과 2011년에 크게 반등했다.

샐러먼은 코로나바이러스로부터 얻은 한가지 교훈은 공유된 감정이 발휘하는 힘이 크다는 것이며, 이 공유된 감정으로 팬데믹의 확산 속도를 늦추기 위한 급진적 조치를 취할 수 있었다고 믿는다. "사람들이 의료 전문 지식을 서로 나누는 걸 말하는 게 아니다. 서로 전화해서 '어떻게 지내? 무섭지? 나도 무서워. 부디 아무 탈 없었으면 좋겠어. 우리 모두 무사해야지'라고 말한다는 얘기다. 기후 문제에 대해서도 그렇게 되었으면 좋겠다. 우리는 함께 두려워하고 무엇이 우리를 공포스럽게 하는지에 대해 의견을 모으는 법을 배워야 한다." 그럴 때라야만 정부가 행동하지 않을 수 없게 된다고 그녀는 말했다. "팬데믹에 대한 비상 모드에 돌입한 것은 좋다. 하지만 기후문제에 대해서도 같은 대응을 하지 않는다면……" 하고 그녀는 더이상 말을 잇지 못했다.

낙관론자의 비전이 실현되려면 어떤 종류의 조치가 취해져야 할까? 『심각한 위기를 낭비하지 마라: 신자유주의는 어떻게 금융 붕괴에서 살아남았는가?』(*Never Let a Serious Crisis Go to Waste: How Neoliberalism Survived the Financial Meltdown*)의 저자인 사학자 필립 미로스키(Philip Mirowski)는 쉽게 안주하는 태도에 대해 경고한다. "금융위기로 인해 경제를 보는 특정 방식의 총체적 파산이 모두에게 너무 명백하게 드러났다고 좌파들은 생각했다. 그런데 그 사실이 모두에게 명백한 것은 아니었고, 결국 좌파가 패배했다"라고 그는 내게 말했다. 바이러스는 섬멸되었지만 예전부터 진행되던 그밖의 모든 재난은 여전히 벌어지는 상황이 될 때, 세상이 코로나19 이전의 형태로 회귀하는 것을 우리는 어떻게 막을 것인가?

"전염병의 정치적 성과는 다른 모든 정치적 성과와 마찬가지로 투쟁을 통해서, 해석을 둘러싼 싸움에 의해서, 그리고 문제의 원인은 무엇이고 해결책은 무엇인가를 밝힘으로써 결정될 것이다. 우리는 어떤 식으로든 이러한 분석을 세상에 내어놓아야 한다"라고 마이크 데이비스는 말했다. 물론, 한가지 주요 걸림돌은 사회적 거리두기인데, 이는 정치유세나 가두시위처럼 오랜 경험으로 보증된 여러 투쟁 방법에 사회적 거리두기가 방해가 될 것이 확실하기 때문이다. "우리 모두에게 가장 큰 위험 요소는 집에 앉아서 소셜 미디어에 담긴 내용에 이 시간을 허비하면서, 소셜 미디어를 통해 할 수 있는 극히 제한된 형태의 정치적 삶을 살게 되는 것"이라고 클라인은 말했다.

데이비스는 시위대들이 하루속히 거리로 나설 방법을 찾기를 희망했으며, 손팻말을 든 모든 참여자들이 3미터 혹은 5미터의 간격을 두고 거리에서 행동하는 모습은 극적인 미디어 이미지를 만들어낼 것이라고 추측했다. 샌디에이고에 살고 있는 그는 우리의 대화가 끝나자, 이제 손팻말을 들고 길 한 모퉁이에 혼자 서서 자신의 몫을 하며 오후의 일부를 보낼 계획이라고 말했다. 팻말에 무엇을 쓸지는 아직 결정하지 않았지만, "간호사 노조를 지지한다!"나 "유급 병가를 요구한다!"를 생각하고 있다고 했다.

바깥출입을 할 수 없는 이웃들에게 식료품을 가져다주려다 싹이 튼 배달 네트워크부터 나이 든 이웃의 현관 앞에서 음악을 연주하는 아이들처럼 좀더 상징적인 관여에 이르기까지 세계 각지에서 사람들이 서로 연결되고 서로 돕기 위해 온갖 새로운 방법을 모색하고 있다는 사실에서 용기를 얻는다고 솔닛은 내게 말했다. 이딸리아의 정치학자 알레산드로 델판띠(Alessandro Delfanti)는 코로나바이러스 발생 이후 미국과 유럽의 아마존 창고를 휘젓는 파업의 물결에서, 또 이딸리아 경제의 각기 다른 부문 노동자들이 필요한 안전장비를 확보하도록 서로 돕기 위한 조치를 취하는 데서도 희망을 발견하고 있다고 말했다.

차후에 어떤 일이 벌어질지는 이러한 연대의 순간을 더 넓은 정치적 영역으로 옮기는 낙관론자들의 능력에 달려 있을지도 모른다. 즉 여타의 모든 문제를 함께 개조하려는 시도 없이, 공유된 자원으로 더 많은 사람들을 위해 더 많은 일을 하는 세상을 창조하려는 노력 없이 코로나19를 다루는 것은 말이 되지 않는다는 그들의 주장을 통해서 말이다. "우리에겐 이런 감정, 즉 끔찍함이라는 겉포장 속에 경이로움이, 슬픔 속에 기쁨이, 두려움 속에 용기가 찾아오는 이러한 감정을 표현할 수 있는 언어조차 없다"라고 솔닛은 『이 폐허를 응시하라』에 썼다. "재난을 환영해서는 안 되지만, 재난에 대한 대응을, 실제적이고 심리적인 대응 모두를 소중히 여길 수는 있다."

바로 지금, 세상이 몹시 낯설게 느껴지는데, 세상이 너무 빨리 변하고 있고 우리 중 누구든, 언제든 병에 걸릴 수 있다거나 혹은 이미 바이러스에 감염되어 있는데 모르고 있기 때문—단지 그 때문—만은 아니다. 지난 몇주간 가장 거대한 것들이 항상, 언제라도 바뀔 수 있다는 사실이 드러났기 때문에 낯설게 느껴지는 것이다. 이 단순한 진실, 불안감을 일으키기도 하고 해방감을 일으키기도 하는 이 단순한 진실은 잊히기 쉽다. 우리는 지금 영화 한편을 보고 있는 것이 아니다. 한편의 영화를 쓰고 있는 것이다. 다 함께,

끝까지.*

번역: 이종임(李鍾妊)/영문학 박사, 네브라스카대학 영문과 강사

---

* 한국의 독자들에게: 제가 이 글을 쓴 것은 코로나바이러스가 전세계적으로 확산된 초기 단계의 긴박한 상황에서였습니다. 이후 몇주의 시간을 통해 기존의 문제들이 더 악화되고 있다는 증거와 더불어, 인간의 상호 연대와 보살핌의 놀랄 만한 증거도 충분히 얻을 수 있었습니다. 어느 쪽이 더 우세한지, 또 어디서 그러한지를 확언하기란 불가능할 것입니다. 이 문제는 역사가 해결해야 할 과제가 아닐까 합니다. 그저 제 입장을 말하자면 ― 책상 앞에 앉아 글을 쓰며 겨우 8주 앞으로 닥친 첫 아이의 출산을 기다리고 있는 사람으로서 ― 이 기사가 세계 각처의 많은 분에게 읽히고 있다는 사실을 깨닫고 감동하게 됩니다. 그중 많은 분들이 제게 직접 편지를 쓰기도 했습니다. 새로운 시기는 새로운 느낌을 만들어내기 마련이며, 우리가 첫번째로 해야 할 일은 그 느낌을 서로 나누는 것이 아닐까 합니다. 그러니, 언제든 자유롭게 apcbaker@gmail.com으로 연락해주시기 바랍니다.

팬데믹 시대의 민주주의와 '한국모델'

1 피터 베이커 「"우리는 정상으로 돌아갈 수 없다": 코로나바이러스가 세상을 어떻게 바꿀 것인가?」(이종임 옮김), 『창작과비평』 2020년 여름호 391면.

2 같은 글 398면.

3 R. Taggart Murphy, "East and West: Geocultures and the Coronavirus," *New Left Review* 122, Mar/Apr 2020, 60~61면.

4 Byung-Chul Han, "The Viral Emergenc(e/y) and the World of Tomorrow," *Pianola Con Libre Albedrío*, 2020.3.29.

5 Giorgio Agamben, "The Invention of an Epidemic." (https://www.journal-psychoanalysis.eu/coronavirus-and-philosophers. 원문은 2020년 2월 26일 *Quodlibet*에 발표되었다.) 그밖에도 이 웹페이지에는 아감벤과 장 뤽 낭시, 로베르또 에스뽀지또 등이 나눈 논쟁적인 글들이

실려 있다. 감염병이 일종의 '가짜뉴스'라는 아감벤의 주장이 트럼프 미 대통령의 지속적인 반응과 공명하는 점은 상당히 그로테스크하다.

6 Giorgio Agamben, "Clarifications"은 2020년 3월 17일자 글이며 앞의 웹 페이지에서 확인할 수 있다.

7 슬라보예 지젝『팬데믹 패닉: 코로나19는 세계를 어떻게 뒤흔들었는 가』, 강우성 옮김, 북하우스 2020, 99면.

8 Roberto Esposito, "Cured to the Bitter End." 원문은 2020년 2월 28일에 *Antinomie*에 발표. 앞의 웹페이지 참조.

9 Sergio Benvenuto, "Welcome to Seclusion." 원문은 2020년 3월 5일 *Antinomie*에 발표. 같은 웹페이지 참조.

10 Marco D'eramo, "The Philosopher's Epidemic," *New Left Review* 122, 23, 26면 참조.

11 슬라보예 지젝, 앞의 책 98면.

12 Susan Watkins, "Politics and Pandemics," *New Left Review* 125, Sep/Oct 2020, 6면.

13 천관율「코로나19가 드러낸 '한국인의 세계': 의외의 응답 편」,『시사 IN』663호, 2020.6.2.

14 같은 기사.

15 슬라보예 지젝, 앞의 책 98면에서 재인용. "벤저민 브랜튼과의 사적인 대화에서 가져왔다"라는 각주의 설명이 붙은 인용의 한 대목이다.

16 백영경「복지와 커먼즈: 돌봄의 위기와 공공성의 재구성」,『창작과비 평』2017년 가을호 28면. 이 글은 '커먼즈와 공공성: 공동의 삶을 위하 여'라는 특집의 일환이다.

17 F. R. Leavis, *Nor Shall My Sword: Discourses on Pluralism, Compassion and Social Hope*, Chatto & Windus 1972, 60면. 졸고「문학성과 커먼즈」,

『창작과비평』 2018년 여름호 21면에서 재인용. 이 글은 '문학성과 커먼즈'라는 특집의 일환이다.

18 「문학성과 커먼즈」 20면. '협동적 창조'(collaborative creation) 역시 리비스의 표현이다.

19 Immanuel Wallerstein, "The French Revolution as a World-Historical Event," *Social Research* 56 (1), 1989, 51~52면.

20 Jacques Derrida, *The Politics of Friendship*, trans. George Collins, Verso 1994.

21 「우정에 대하여: 이반 일리치와의 대담」, 『녹색평론』 1997년 11-12월호.

탈성장 전환의 요구와 돌봄이라는 화두

1 금융위원회 제16차 경제중대본 금융리스크 대응반 회의(2020.8.11)에서 나온 손병두 부위원장의 발언. 「정부까지 뉴딜펀드 띄우기 … 손병두 "안정적 재산 증식 기회 제공"」, 중앙일보 2020.8.12.

2 김현미 「코로나19와 재난의 불평등: 자본과 남성 중심의 해법에 반대한다」, 김은실 엮음 『코로나 시대의 페미니즘』, 휴머니스트 2020.

3 홍찬숙 「코로나 이후의 '뉴노멀': 새로운 사회계약의 필요성」, 다른백년 2020.6.2.

4 김현미 「두 달여 '멈춤'에 심화된 성차별」, 한국일보 2020.5.6.

5 강선아 「아동학대 감소? 코로나가 숨겼다!」, 경남도민일보 2020.7.28.

6 최윤경 「코로나19 육아분야 대응체계 점검: 어린이집·유치원 휴원 장기화에 따른 자녀돌봄 현황 및 향후 과제」, 『육아정책Brief』 81호, 2020.4.

7 전기택 「코로나19 확산과 여성고용」, 『젠더리뷰』 2020년 여름호.

8 최은경 「팬데믹 시기는 새로운 의료를 예비하는가」, 『창작과비평』

2020년 여름호.

9 신경아 「재난 앞에 선 여성 노동자: 팬데믹 시대의 최전선에서 분투하는 이들을 위하여」, 김은실 엮음, 앞의 책.

10 오하나 「인류 살리기로서의 돌봄에 대한 상상」, 추지현 엮음 『마스크가 말해주는 것들』, 돌베개 2020.

11 추지현 「시공간에 대한 상이한 감각」, 같은 책.

12 Susan Paulson, Giacomo D'Alisa, Federico Demaria and Giorgos Kallis with Feminisms and Degrowth Alliance, "From pandemic toward care-full degrowth," *Interface: a journal for and about social movements*, 2020.4.30.

13 FaDA, "Collaborative Feminist Degrowth: Pandemic as an Opening for a Care-Full Radical Transformation," www.degrowth.info, 2020.4.

14 김현미 「코로나19와 재난의 불평등: 자본과 남성 중심의 해법에 반대한다」, 79~80면.

15 여성가족부 주최 '코로나19 이후 여성 일자리 변화와 정책 전망' 토론회(2020.6.18) 중 배진경 한국여성노동자회 대표의 발언. 「돌봄은 여성의 몫?…노동시장 성별격차 완화하자」, 복지타임즈 2020.7.15.

16 배진경 「성평등 노동과 '돌봄 뉴딜'을 위한 제언」, 여성가족부·한국여성정책연구원 주최 '코로나-19 관련 여성·가족 분야별 릴레이 토론회'(2020.6.11) 자료집 『코로나-19의 여성노동 위기 현황과 정책과제 모색』.

17 신경아, 앞의 글 84~85면.

18 김현미, 앞의 글 80면.

19 황덕순 「돌봄노동자의 특성과 근로조건」, 『노동리뷰』 2013년 3월호.

20 이반 일리치 『그림자 노동』, 노승영 옮김, 사월의책 2015.

21 안효상 「인류세 시대의 기본소득: 생태적, 사회적 전환을 위하여」, 기본소득한국네트워크 토론회 '생태적 전환을 고려한 기본소득' 발제문, 2020.4.11.

22 David J. Denis, "Why do maintenance and repair matter?", In Anders Blok, Ignacio Farías and Celia Roberts, eds., *The Routledge Companion to Actor-Network Theory*, Routledge 2019 참조.

코로나19 위기, 재난 자본주의로의 퇴행인가, 생태사회 전환의 기회인가?

1 서영표 「기후변화 인식을 둘러싼 담론 투쟁: 새로운 축적의 기회인가 체계 전환의 계기인가」, 『경제와사회』 2016년 겨울호.

2 "Parallel threats of COVID-19, climate change, require 'brave, visionary and collaborative leadership': UN chief," *UN News*, 2020.4.28.

3 Cameron Hepburn, Brian O'Callaghan, Nicholas Stern, Joseph Stiglitz and Dimitri Zenghelis, "Will COVID-19 fiscal recovery packages accelerate or retard progress on climate change?," *Oxford Review of Economic Policy* 36 (S1), 2020, 359~81면.

4 이 부분은 김선철·한재각 「기후재난 시대, 그린뉴딜의 원칙: 정의로운 그린뉴딜」, '기후위기비상행동 토론회' 발표문(2020.5.27)을 요약한 것이다.

5 김상현 「'정의로운' 코로나19 지원과 경기부양」, 한국일보 2020.5.16.

팬데믹 시기는 새로운 의료를 예비하는가

1 Yuval Noah Harari, "Yuval Noah Harari: the world after coronavirus," *Financial Times*, 2020.3.20.

2 「대구의 코로나19 상처와 경험, 연대의 기억으로 남을까」, 『시사IN』

2020.4.1.

3 「한국 코로나19 치사율 세계 최저 수준 … 그 이유는?」, TBS 2020.3.11.

4 SIAARTI, *Clinical Ethics Recommendations for the Allocation of Intensive Care Treatments, in Exceptional, Resource-limited Circumstances*, 2020.3; Yascha Mounk, "The Extraordinary Decisions Facing Italian Doctors," *The Atlantic*, 2020.3.11.

5 Kevin McCoy and Dennis Wagner, "Which coronavirus patients will get life-saving ventilators? Guidelines show how hospitals in NYC, US will decide," *USA Today*, 2020.4.4.

6 Ezekiel J. Emanuel et al., "Fair Allocation of Scarce Medical Resources in the Time of Covid-19," *New England Journal of Medicine* 382 (21), 2020.

7 Anthony Wrigley, "Coronavirus and triage: a medical ethicist on how hospitals make difficult decisions," *The Conversation*, 2020.4.1.

8) American Association of People with Disabilities, *Letter to Prohibit Discrimination during Medical Rationing*, 2020.4.16.

9 Michael Ahn, "How South Korea flattened the coronavirus curve with technology," *The Conversation*, 2020.4.21.

10 Mark Zastrow, "South Korea is reporting intimate details of COVID-19 cases: has it helped?," *Nature*, 2020.3.18.

11 국가인권위원회 「코로나19 확진자의 과도한 사생활 공개 관련 국가인권위원장 성명」, 2020.3.9.

12 중앙방역대책본부 환자·접촉자관리단 「확진환자의 이동경로 등 정보 공개 안내」, 2020.3.14.

13 「'코로나 주홍글씨' 지운다 … '확진자 동선' 삭제 나선 지자체들」, 뉴스1 2020.4.22.

14 Mark Zastrow, 앞의 글.

15 Bruce Klingner, "South Korea Provides Lessons, Good and Bad, on Coronavirus Response," *The Heritage Foundation*, 2020.3.28.

16 한국헬스커뮤니케이션학회「코로나19 국민위험인식조사(2차)」, 2020.3.

17「10분내 확진자 동선추적 … 외신 50곳이 궁금해한 한국의 역학조사」, 연합뉴스 2020.4.10.

18「"中유학생이 상팔자" … 숙소도 안주고 '의료진 대구 차출' 논란」, 국민일보 2020.2.23;「'영웅'이랄 땐 언제고 … 코로나19 의료진 수당·대우 논란」, 메디파나 2020.4.9.

19「'누굴 살리느냐' 묻거든 … "모두"를 택할 의료진들」, 한겨레 2020.4.7.

20「'코로나 사투' 의료진 비상 … "정신 건강 살필 때"」, YTN사이언스 2020.4.22.

21 Robert Nash, "Health-care workers in influenza pandemics," *The Lancet* 370 (9584), 2007, 300면; H. L. Barr et al., "Ethical planning for an influenza pandemic," *Clinical medicine* 8 (1), 2008, 49면.

22 Sandeep Jauhar, "In a Pandemic, Do Doctors Still Have a Duty to Treat?" *The New York Times*, 2020.4.2.

23 Chalmers C. Clark, "In harm's way: AMA physicians and the duty to treat," *Journal of medicine and philosophy* 30 (1), 2005.

24「'코로나와 사투' 의료진 자녀는 누가 돌볼까」, 연합뉴스 2020.3.21.

25「코로나19 확산되면서 현장 투입되는 '의대생': 이탈리아·영국·미국 등 비상인력 활용 … 한국 부정적 분위기」, 데일리메디 2020.3.26.

26「코로나19로 드라이브 걸린 원격의료 … 기존 입장 고수하는 醫」, 청년의사 2020.4.23.

1 Tim Cross는 *Economist* 2020년 6월 11일자 칼럼 "Artificial intelligence and its limits: An understanding of AI's limitations is starting to sink in"에서 현재 AI가 직면하고 있는 한계에 대해 설명했다.

2 Simon Mongey, Laura Pilossoph and Alex Weinberg, "Which Workers Bear the Burden of Social Distancing Policies?", *National Bureau of Economic Research*, Working Paper 27085, May 2020.

3 Greg Kaplan, Ben Moll and Gianluca Violante, "Pandemics according to HANK," Working Paper, 2020.

4 유럽 국가들에 비해 미국의 실업률이 높은 까닭은 미국의 유연한 노동시장, 채용과 해고가 자유로운 관행 탓도 있지만 유럽 국가들이 실업급여 대신 고용유지 지원정책으로 대응했기 때문이라는 분석도 있다. Gavyn Davies, "Why the US jobless surge is worse than in Europe," *Financial Times*, 2020.5.17.

5 Pierre Cahuc, Francis Kramarz and Sandra Nevoux, "When short-time work works," CEPR Discussion Paper 13041, 2018.

6 Giulia Giupponi and Camille Landais, "Subsidizing labor hoarding in recessions: The employment and welfare effects of short-time work," CEPR Discussion Paper 13310, 2018.

7 Giulia Giupponi and Camille Landais, "Building effective short-time work schemes for the COVID-19 crisis," *VoxEU*, 2020.4.1.

8 Jesse Rothstein, "The Lost Generation? Scarring after the Great Recession," Working Paper, 2019. https://eml.berkeley.edu/~jrothst/workingpapers/scarring.20190128.pdf

9 Kathleen Henehan, "Class of 2020: Education leavers in the current

crisis," *Resolution Foundation*, 2020.5.6.

10 Richard Baldwin, "Covid, hysteresis, and the future of work," *VoxEU*, 2020.5.29.

11 Carl Benedikt Frey, "Covid-19 will only increase automation anxiety," *Financial Times*, 2020.4.21.

12 Nicholas Bloom, James Liang, John Roberts and Zhichun Jenny Ying, "Does working from home work? Evidence from a Chinese experiment," *The Quarterly Journal of Economics* 130 (1), 2015.

13 Marta Angelici and Paola Profeta, "Smart-Working: Work Flexibility without Constraints," CESifo Working Paper 8165, 2020.

14 Kevin Roose, "Sorry, but Working From Home Is Overrated," *The New York Times*, 2020.3.10.

15 김지수「[김지수의 인터스텔라] "더 평등하고 더 깊어진 '언컨택트 사회'… 진짜 실력자만 살아남는다"」, 조선비즈 2020.5.16.

바이러스는 넘고 인권은 못 넘는 경계, 콜센터

1 김관욱「'오염'된 공간과 몸 만들기: 콜센터의 노동통제 및 여성흡연자의 낙인 형성 과정」,『한국문화인류학』48 (2), 2015.

2 Shehzad Nadeem, *Dead ringers: How outsourcing is changing the way Indians understand themselves*, Princeton University Press 2011, 48~49면.

3 오언 존스『차브: 영국식 잉여 유발사건』, 이세영·안병률 옮김, 북인더갭 2014, 215면.

4 김관욱「'미소 띤 ARS': 메를로퐁티의 몸 현상학으로 본 콜센터 여성상담사의 감정 '이상의' 노동」,『한국문화인류학』51(1), 2018, 63면에서 재인용.

5 같은 글 64~65면에서 재인용.

6 Sue Fernie and David Metcalf, *(Not) Hanging on the Telephone: Payment Systems in the New Sweatshops*, Centre for Economic Performance, London School of Economics and Political Science 1998.

7 김관욱, 앞의 글 66~67면에서 재인용.

8 같은 글 77면에서 재인용.

9 김관욱 「저항의 무게: 콜센터 여성상담사의 노동조합 형성에 대한 몸의 현상학」, 『한국문화인류학』 51 (3), 2018.

코로나와 아시아의 타자화: 독일의 공론장에서 드러난 자국중심적 서사

1 Joris Steg, "Normale Anomalie: Die Coronakrise als Zäsur und Chance," *Blätter für deutsche und internationale Politik* 65, June 2020.

2 Frank Böckelmann, *Die Gelben, die Schwarzen, die Weißen*, Eichborn 1998, 221면.

3 Markus Schwering, "Jürgen Habermas über Corona: 'So viel Wissen über unser Nichtwissen gab es noch nie'," *Frankfurter Rundschau*, 2020.4.10.

4 Stefan Kuzmany, "Was Sie jetzt tun können müssen," *Der Spiegel*, 2020.2.3.

5 독일 언론의 신뢰도에 관한 장기연구프로젝트의 결과 참조(https://medienvertrauen.uni-mainz.de/forschungsergebnisse-der-welle-2019/).

6 '로베르트 코흐 연구소'에서 발표한 6월 20일의 통계(https://www.rki.de/DE/Content/InfAZ/N/Neuartiges_Coronavirus/Fallzahlen.html).

7 중앙방역대책본부에서 발표한 6월 20일까지의 코로나바이러스감염증-19 국내 발생 현황 통계(http://ncov.mohw.go.kr/tcmBoardView.do?

brdid=&brdGubun=&dataGubun=&ncvContSeq=355083&contSeq=35
5083&board_id=140&gubun=BDJ).

8 독일의 코로나19 조치에 대한 기록은 https://www.bundesgesundheits
ministerium.de/coronavirus/chronik-coronavirus.html에서 확인할 수
있다.

9 https://experience.arcgis.com/experience/478220a4c454480e823b17327b2
bf1d4

10 Katharina Graça Peters, "Was die Welt von Südkorea lernen kann," *Der
Spiegel*, 2020.3.12.; Martin Kölling, "Was Deutschland im Kampf gegen
das Coronavirus von Südkorea und Taiwan lernen kann," *Handelsblatt*,
2020.3.15; "Was Deutschland von anderen Ländern lernen kann," *Die
Welt*, 2020.3.13.

11 「한국, 독일과 화상회의 열고 '코로나19' 대응 경험 공유」, 연합뉴스
2020.4.3.

12 Susanne Gaschke, "Warnung vor einem "faschistoid-hysterischen
Hygienestaat"," *Die Welt*, 2020.3.29.

13 5월 1일자 『슈피겔』 온라인판에 '자유 또는 안전 — 무엇이 더 중요
한가'라는 제목으로 한스위르겐 파피어와 연방 법무장관 크리스티
네 람브레히트 간의 좌담이 실렸다. 이후 베를린의 『타게스슈피겔』
(*Der Tagesspiegel*)을 비롯해 여러 일간지에서 파피어의 비판을 전했다.
"Justizministerin und Ex-Verfassungsrichter im Streitgespräch: Freiheit
oder Sicherheit - was zählt mehr?," *Der Spiegel*, 2020.5.1.

14 "Deutschland in Europa das sicherste Land in der Krise," *Der
Tagesspiegel*, 2020.4.14; "Deutschland ist das sicherste Land Europas," *ntv*,
2020.4.14; Susanne Götze, "Im Ländervergleich liegt Deutschland sehr

weit vorn," *Der Spiegel*, 2020.4.14.

15 3월에 독일 언론기사의 제목으로 "이탈리아 사태"라는 표현이 자주 등장했다. Benjamin Reuter, "Drohen in Deutschland italienische Verhältnisse?: Coronavirus lässt in Italien Ärzte verzweifeln – Entscheidungen wie in Kriegszeiten," *Der Tagesspiegel*, 2020.3.12; Sibylle Anderl, "ITALIENISCHE ÄRZTE WARNEN: Die Katastrophe kann auch in Deutschland passieren," *Frankfurter Allgemeine Zeitung*, 2020.3.22; "Krankenhausgesellschaft – "Vorerst keine italienischen Verhältnisse"," *ZDF heute*, 2020.3.27.

16 독일 민족의 정체성에 관한 최근의 분석은 Herfried Münkler, *Die Deutschen und ihre Mythen*, Rowohlt Berlin 2009 참조.

17 Jan Feddersen, "Interview mit Ranga Yogeshwar: "Angst hat eine Halbwertszeit"," *taz*, 2020.5.16.

18 이러한 이야기들은 특히 유튜브를 비롯한 sns를 통해 빠르게 확산되었다(https://www.youtube.com/watch?v=4NwR4jwYnFU).

19 주요일간지 *Süddeutscher Zeitung*의 중국 특파원은 1월 24일, 독일의 라디오 방송 *Deutschlandfunk*와의 인터뷰에서 록다운 정책이 중국의 전형적인 대응방식이라고 비웃었다. Lea Deuber, "Coronavirus in China: "Sehr große Panik in der Bevölkerung"," *Deutschlandfunk*, 2020.1.24; Lea Deuber, "Die Epidemie ist ein Versagen des autokratischen Systems, "*Süddeutsche Zeitung*, 2020.2.3; "Coronavirus: Peking räumt Fehler bei Notfallmanagement ein," ARD, 2020.2.3.

20 "칭챙총"이라는 표현에 담긴 인종차별적 성격에 관해서는 Elaine W. Chun, "The Meaning of Ching-Chong: Language, Racism, and Response in New Media," *Raciolinguistics: How Language Shapes Our Ideas About*

Race, ed. H. Samy Alim, John R. Rickford and Arnetha F. Ball, Oxford Scholarship Online 2016.

21 "Wann ein Mundschutz eine Ansteckung verhindert und wann nicht," *Der Tagesspiegel*, 2020.2.26.

22 "Coronavirus: Atemschutzmasken gegen Sars-CoV-2?," MDR Brisant, 2020.4.16.

23 Florian Rötzer, "Von Atemschutzmasken und Kulturen," *Telepolis*, 2020.3.16.

24 Patrick Welter, "Von Seoul lernen?," *Frankfurter Allgemeine Zeitung*, 2020.3.29.

25 Eun-Jeung Lee, *"Anti-Europa": Die Geschichte der Rezeption des Konfuzianismus und der konfuzianischen Gesellschaft in Europa seit der frühen Aufklärung*, Lit Verlag Münster 2003 참조.

26 Sebastian Leber, "Das wüsste ich doch, wenn hier Rechtsradikale wären," *Der Tagesspiegel*, 2020.7.6.

27 M. Baumstieger, K.M. Beisel, A. Föderl-Schmid, V. Großmann, T. Hahn, F. Hassel and S. Hurtz, "Mit diesen Apps kämpft die Welt gegen das Virus," *Süddeutsche Zeitung*, 2020.4.6.

28 Stefan Schulz, "Strategien gegen das Coronavirus: Tödliche Arroganz," *Der Spiegel*, 2020.3.29.

29 Wolfgang Michal, "Volksgemeinschaftsmoral, bitte," *der Freitag* 16, 2020.4.16.

황정아

서울대에서 영어영문학을 전공하고 동대학원에서 D. H. 로런스 연구로 박사학위를 받았다. 문학평론가로서 현대 영국소설과 한국소설 및 비평이론에 관한 글을 쓰고 있으며, 한림대 한림과학원 HK교수로 재직 중이다. 지은 책으로 『개념비평의 인문학』 『다시 소설이론을 읽는다』(편저) 『소설을 생각한다』(공저)가 있고, 옮긴 책으로 『아메리카의 망명자』 『왜 마르크스가 옳았는가』 『도둑맞은 세계화』 『이런 사랑』 『컬러 오브 워터』 『내게 진실의 전부를 주지 마세요』 『쿠바의 헤밍웨이』 『패니와 애니』(공역) 『역사를 읽는 방법』(공역) 『종속국가 일본』(공역) 등이 있다.

백영경

서울대에서 서양사학을 전공하고 존스홉킨스대에서 인류학 석사·박사학위를 받았다. 제주대 사회학과 교수로 재직 중이다. 여성 건강과 의료, 역사적 기억과 사회적 고통에 대한 연구를 지속해왔으며 최근에는 돌봄과 커먼즈의 문제를 기후위기와 연결시키기 위해 노력 중이다. 시민들 간의 평등하고 자유로운 관계, 생태적이고 조화로운 삶, 역사적 기억의 문제가 모두 건강한 삶에 큰 영향을 준다고 믿고 있다. 『창작과비평』 편집위원으로 활동하고 있으며, 지은 책으로 『다른 의료는 가능하다』(공저) 『마스크가 말해주는 것들』(공저) 『배틀그라운드』(공저) 『고독한 나에서 함께하는 우리로』(공저) 『프랑켄슈타인의 일상』(공저) 등이 있다.

김현우

에너지기후정책연구소 연구기획위원. 대학에서 사회학을 공부하고 진보네트워크 기획실장, 민주노동당 강남구지구당위원장, 한국노동사회연구소 연구위원, 진보신당 정책연구원으로 활동하며 지속가능한 지구, 지속가능한 사회를 위해 연구하고 실천해왔다. 에너지 전환과 도시정치, 계급과 사회운동, 대중교통, 거버넌스의 민주화 등에 관심을 갖고 글을 쓰고 있다. 지은 책으로 『안토니오 그람시』 『정의로운 전환』 『2021 한국의 논점』(공저) 『착한 에너지 나쁜 에너지 다른 에너지』(공저) 『탈핵』(공저), 옮긴 책으로 『여성성의 신화』 『녹색 노동조합은 가능하다』 『GDP의 정치학』 『다른 세상을 위한 7가지 대안』(공역) 『안토니오 그람시 옥중수고 이전』(공역) 등이 있다.

최은경

서울대 의대를 졸업하고 동대학원에서 인문의학 박사과정을 마쳤다. 서울대학교병원 의학역사문화원 연구교수, 국가생명윤리정책원 선임연구원 등을 거쳐 현재 경북대 의대 의료인문학 전공교수로 재직 중이다. 의료의 역사, 윤리, 인문학에 관하여 쓰고 가르친다. 지은 책으로 『감염병과 인문학』(공저) 등이 있다.

전병유

서울대 국제경제학과를 졸업하고 동대학원에서 경제학 박사학위를 받았다. 한신대 사회혁신경영대학원 부교수로 재직 중이다. 한국노동연구원에서 연구위원으로 10년간 근무했고, 사회정책학회 회장, 노동경제학회 부회장, 경제사회노동위원회 의제별 위원회 위원장 등을 역임하며 노동경제학, 사회정책, 한국경제 등의 분야에서 연구활동을 하고 있다. 지은 책으로 『코로나19, 동향과 전망』(공저) 『한국 경제 규칙 바꾸기』(공저) 『다중격차 2』(공서) 『한국의 불평등 2016』(공저) 『비정규 고용과 사회정책』(공저) 『한국사회의 쟁점과 전망』(공저) 『통합적 사회정책 대안 연구』(공저) 『한국자본주의 발전모델의 역사와 위기』(공저), 엮은 책으로 『다중격차, 한국 사회 불평등 구조』 등이 있다.

이하나

평범한 사람들의 삶을 살펴 글로 만드는 일을 주로 했다. 노인들의 삶을 기록하고 기관과 단체의 기록물을 써왔으며, 안양 지역교육네트워크 이룸에서 대표로 일하고 있다. 초·중·고등학교 학생부터 노인에 이르기까지 다양한 사람들과 다양한 형태의 글쓰기, 마을 이해, 민주시민 강좌를 기획·진행하며 공동체의 민주주의에 대해 고민하고 있다. 지은 책으로 『포기하지 않아, 지구』, 『함께 만드는 마을교육공동체』(공저) 『죽음이 삶에게 안부를 묻다』(공저) 『해서열전』(공저) 등이 있다.

정은정

경북대에서 사회학 박사과정을 수료하고 음식과 농업, 농촌사회와 먹거리 산업화 문제에 관해 강의하고 있다. 농촌사회학 연구자로서 농촌과 먹거리 관계의 회복을 도모하자는 이야기를 라디오에서 말하고 신문에 쓰고 있다. 지은 책으로 『그렇게 치킨이 된다』 『대한민국 치킨전(展)』 『아스팔트 위에 씨앗을 뿌리다』 『질적 연구자 좌충우돌기』(공저) 등이 있다.

김관욱

가정의학과 전문의. 의료인류학을 전공으로 서울대에서 석사학위를, 영국 더럼대에서 박사학위를 취득했다. 졸업 후 서울대 비교문화연구소 연구원 등을 역임하고 서울대, 한양대, 한국학중앙연구원에서 강의하고 있다. 흡연과 중독, 감정노동과 공황장애, 이주노동과 자살 등에 대해 연구하고 있다. 지은 책으로 『아프지 않았으면 좋겠습니다』 『폴 파머, 세상을 고치는 의사가 되어 줘』 『흡연자가 가장 궁금한 것들』 『굿바이 니코틴홀릭』 『의료, 아시아의 근대성을 읽는 창』(공저), 옮긴 책으로 『자본주의의 병적 징후들』(공역), 『보건과 문명』(공역) 등이 있다.

이은정

이화여대에서 정치외교학을 전공하고 독일 괴팅겐대에서 정치사상사 연구로 박사학위를 받았으며, 할레대에서 교수자격(Habilitation)을 취득했다. 1984년부터 독일에서 생활하며 정치사상과 지식의 변동, 통일과 체제 전환 문제를 연구하고 있다. 정치사상사에 새로운 분석틀을 도입하여 상호문화적인 연구를 개척한 공로로 아시아 출신 최초로 베를린-브란덴부르크 학술원 정회원에 선출되었다. 한국과 독일의 문화교류 증진에 기여한 공로로 제8회 이미륵상을 수상했고, 2019년에는 통일연구에 기여한 공로로 국민훈장 모란장을 수상했다. 2008년 베를린자유대학 한국학연구소를 설립했으며, 현재 한국학과 학과장 겸 동아시아대학원 원장을 맡고 있다. 지은 책으로 『베를린, 베를린』, 『Anti-Europa』 『Konfuzianismus und Kapitalismus』 『Ostasien Denken』 『Korea im demokratischen Aufschwung』 『Konfuzius interkulturell gelesen』 『Sŏwŏn — Konfuzianische Privatakademien in Korea』 『Der soziale Rechtsstaat als Alternative zur autoritären Herrschaft』 등이 있다.

피터 베이커(Peter C. Baker)
자유기고가, 가디언(*The Guardian*) 장문기사 고정필자.

코로나 팬데믹과 한국의 길

초판 1쇄 발행 / 2021년 1월 8일

지은이 / 황정아 백영경 김현우 최은경 전병유 이하나 정은정 김관욱 이은정 피터 베이커
펴낸이 / 강일우
책임편집 / 김가희 신채용
조판 / 박아경
펴낸곳 / (주)창비
등록 / 1986년 8월 5일 제85호
주소 / 10881 경기도 파주시 회동길 184
전화 / 031-955-3333
팩시밀리 / 영업 031-955-3399 편집 031-955-3400
홈페이지 / www.changbi.com
전자우편 / human@changbi.com

ⓒ 황정아 백영경 김현우 최은경 전병유 이하나 정은정 김관욱 이은정 피터 베이커 2021
ISBN 978-89-364-7850-6 03300